AU MAROC

CALMANN LÉVY, ÉDITEUR

DU MÊME AUTEUR

IMPRIMERIE CHAIX, RUE BERGÈRE, 20, PARIS. — 25446-11-9.

PIERRE LOTI

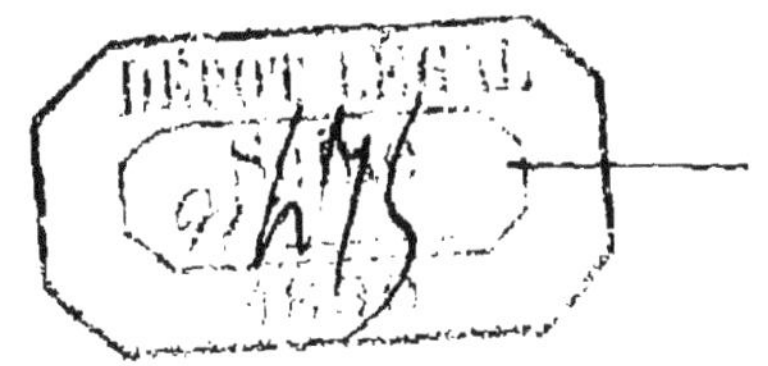

AU MAROC

PARIS

CALMANN LÉVY, ÉDITEUR

ANCIENNE MAISON MICHEL LÉVY FRÈRES

3, RUE AUBER, 3

—

1890

Droits de reproduction et de traduction réservés.

A MONSIEUR J. PATENOTRE,

MINISTRE DE FRANCE AU MAROC

HOMMAGE D'AFFECTUEUSE RECONNAISSANCE

P. L.

PRÉFACE

J'éprouve le besoin de faire ici une légère préface ;
— je prie qu'on me pardonne, parce que c'est la
première fois.

Aussi bien voudrais-je mettre tout de suite en
garde contre mon livre un très grand nombre de
personnes pour lesquelles il n'a pas été écrit. Qu'on
ne s'attende pas à y trouver des considérations sur
la politique du Maroc, son avenir, et sur les moyens
qu'il y aurait de l'entraîner dans le mouvement
moderne : d'abord, cela ne m'intéresse ni ne me
regarde, — et puis, surtout, le peu que j'en pense
est directement au rebours du sens commun.

Les détails intimes que des circonstances particu-
lières m'ont révélés, sur le gouvernement, les
harems et la cour, je me suis même bien gardé de les
donner (tout en les approuvant dans mon for intérieur), par crainte qu'il n'y eût là matière à clabau-

deries pour quelques imbéciles. Si, par hasard, les
Marocains qui m'ont reçu avaient la curiosité de me
lire, j'espère qu'au moins ils apprécieraient ma dis-
crète réserve.

Et encore, dans ces pures descriptions auxquelles
j'ai voulu me borner, suis-je très suspect de partia-
lité pour ce pays d'Islam, moi qui, par je ne sais
quel phénomène d'atavisme lointain ou de préexis-
tence, me suis toujours senti l'âme à moitié arabe :
le son des petites flûtes d'Afrique, des tam-tams et
des castagnettes de fer, réveille en moi comme des
souvenirs insondables, me charme davantage que les
plus savantes harmonies ; le moindre dessin d'ara-
besque, effacé par le temps au-dessus de quelque
porte antique, — et même seulement la simple
chaux blanche, la vieille chaux blanche jetée en
suaire sur quelque muraille en ruine, — me plonge
dans des rêveries de passé mystérieux, fait vibrer en
moi je ne sais quelle fibre enfouie ; — et la nuit,
sous ma tente, j'ai parfois prêté l'oreille, absolument
captivé, frémissant dans mes dessous les plus profonds, quand, par hasard, d'une tente voisine m'arrivaient deux ou trois notes, grêles et plaintives,
comme des bruits de gouttes d'eau, que quelqu'un
de nos chameliers, en demi-sommeil, tirait de sa
petite guitare sourde...

Il est bien un peu sombre, cet empire du *Moghreb,*
et l'on y coupe bien de temps en temps quelques

têtes, je suis forcé de le reconnaître ; cependant je n'y ai rencontré, pour ma part, que des gens hospitaliers, — peut-être un peu impénétrables, mais souriants et courtois — même dans le peuple, dans les foules. Et chaque fois que j'ai tâché de dire à mon tour des choses gracieuses, on m'a remercié par ce joli geste arabe, qui consiste à mettre une main sur le cœur et à s'incliner, avec un sourire découvrant des dents très blanches.

Quant à S. M. le Sultan, je lui sais gré d'être beau ; de ne vouloir ni parlement ni presse, ni chemins de fer ni routes ; de monter des chevaux superbes ; de m'avoir donné un long fusil garni d'argent et un grand sabre damasquiné d'or. J'admire son haut et tranquille dédain des agitations contemporaines ; comme lui, je pense que la foi des anciens jours, qui fait encore des martyrs et des prophètes, est bonne à garder et douce aux hommes à l'heure de la mort. A quoi bon se donner tant de peine pour tout changer, pour comprendre et embrasser tant de choses nouvelles, puisqu'il faut mourir, puisque forcément un jour il faut râler quelque part, au soleil ou à l'ombre, à une heure que Dieu seul connaît ? Plutôt, gardons la tradition de nos pères, qui semble un peu nous prolonger nous-mêmes en nous liant plus intimement aux hommes passés et aux hommes à venir. Dans un vague songe d'éternité, vivons insouciants des lendemains terrestres, et laissons les vieux murs se fendre au soleil des étés, les herbes pousser sur nos toits, les bêtes pourrir à la place où elles sont tombées. Laissons tout, et jouissons seulement au passage des choses qui ne trompent pas, des belles créatures, des beaux chevaux, des beaux jardins et des parfums de fleurs...

.   .   .   .

Donc, que ceux-là seuls me suivent dans mon voyage, qui parfois le soir se sont sentis frémir aux premières notes gémies par des petites flûtes arabes qu'accompagnaient des tambours. Ils sont mes pareils ceux-là, mes pareils et mes frères ; qu'ils montent avec moi sur mon cheval brun, large de poitrine, ébouriffé à tous crins ; à travers des plaines sauvages tapissées de fleurs, à travers des déserts d'iris et d'asphodèles, je les mènerai au fond de ce vieux pays immobilisé sous le soleil lourd, voir les grandes villes mortes de là-bas, que berce un éternel murmure de prières.

Pour ce qui est des autres, qu'ils s'épargnent l'ennui de commencer à me lire ; ils ne me comprendraient pas ; je leur ferais l'effet de chanter des choses monotones et confuses, enveloppées de rêve...

PIERRE LOTI.

AU MAROC

---

26 mars 1889.

Des côtes sud de l'Espagne, d'Algésiras, de Gi-
braltar, on aperçoit là-bas, sur l'autre rive de la
mer, Tanger la Blanche.

Elle est tout près de notre Europe, cette première ville marocaine, posée comme en vedette sur
la pointe la plus nord de l'Afrique ; en trois ou
quatre heures, des paquebots y conduisent, et une
grande quantité de touristes y viennent chaque
hiver. Elle est très banalisée aujourd'hui, et le
sultan du Maroc a pris le parti d'en faire-le demi-
abandon aux visiteurs étrangers, d'en détourner
ses regards comme d'une ville infidèle.

Vue du large, elle semble presque riante, avec
ses villas alentour bâties à l'européenne dans des
jardins ; un peu étrange encore cependant, et res-

tée bien plus musulmane d'aspect que nos villes d'Algérie, avec ses murs d'une neigeuse blancheur, sa haute casbah crénelée, et ses minarets plaqués de vieilles faïences.

** **

C'est curieux même comme l'impression d'arrivée est ici plus saisissante que dans aucun des autres ports africains de la Méditerranée. Malgré les touristes qui débarquent avec moi, malgré les quelques enseignes françaises qui s'étalent çà et là devant des hôtels ou des bazars, — en mettant pied à terre aujourd'hui sur ce quai de Tanger au beau soleil de midi, — j'ai le sentiment d'un recul subit à travers les temps antérieurs... Comme c'est loin tout à coup, l'Espagne où l'on était ce matin, le chemin de fer, le paquebot rapide et confortable, l'époque où l'on croyait vivre!... Ici, il y a quelque chose comme un suaire blanc qui tombe, éteignant les bruits d'ailleurs, arrêtant toutes les modernes agitations de la vie : le vieux suaire de l'Islam, qui sans doute va beaucoup s'épaissir autour de nous dans quelques jours quand nous nous serons enfoncés plus avant dans ce pays sombre, mais qui est déjà sensible dès l'abord pour nos imaginations fraîchement émoulues d'Europe.

Deux gardes au service de notre ministre, Sélem et Kaddour, pareils à des figures bibliques dans leurs longs vêtements de laine flottante, nous attendent au débarcadère pour nous conduire à la légation de France.

Ils nous précèdent gravement, écartant de notre route, avec des bâtons, les innombrables petits ânes qui remplacent ici les camions et les chariots tout à fait inconnus. Par une sorte de voie étroite, nous montons à la ville, entre des rangées de murs crénelés, qui s'étagent en gradins les uns au-dessus des autres, tristes et blancs comme des neiges mortes. Les passants qui nous croisent, blancs aussi comme les murs, traînent sans bruit leurs babouches sur la poussière, avec une majestueuse insouciance, et, rien qu'à les voir marcher, on devine que les empressements de notre siècle n'ont pas prise sur eux.

Dans la *grande rue*, qu'il nous faut traverser, il y a bien quelques boutiques espagnoles, quelques affiches françaises ou anglaises, et, à la foule des burnous, se mêlent, hélas! quelques messieurs en casques de liège ou quelques gentilles misses voyageuses, ayant des coups de soleil sur les joues. Mais, c'est égal, Tanger est encore très arabe, même dans ses quartiers marchands.

Et plus loin — aux abords de la légation de France où l'hospitalité m'est offerte — commence le dédale des petites rues étroites ensevelies sous la chaux blanche, demeuré intact, comme au vieux temps.

II

Le soir de ce même jour d'arrivée, au coucher
du soleil, je vais faire ma première visite à notre
campement de route, qui se prépare là-bas, en
dehors des murs, sur une hauteur assez solitaire
dominant Tanger.

C'est tout une petite ville nomade, déjà montée,
déjà habitée par nos Arabes d'escorte ; alentour,
nos chevaux, nos chameaux, nos mules de charge,
entravés par des cordes, paissent une herbe rase,
très odorante ; on dirait une tribu quelconque, un
douar; l'ensemble exhale une forte odeur de Bédouin, et des chants tristes en voix de fausset, des
sons grêles de guitare, sortent de la tente des
chameliers.

C'est le sultan qui a envoyé tout cela au ministre,

matériel, bêtes et gens. Je regarde longuement ces personnages et ces choses, avec lesquels il va falloir se familiariser et vivre, qui vont bientôt s'enfoncer avec nous dans ce pays inconnu.

La nuit qui vient, le vent froid qui se lève au crépuscule, accentuent — comme il arrive toujours — l'impression de dépaysement que ce Maroc m'a causée dès l'abord.

Le ciel du couchant est d'une limpidité profonde, dans des jaunes pâles extrêmement froids ; Tanger, qui paraît dans le lointain, sous mes pieds, semble à cette heure un éboulement de cubes de pierres sur une pente de montagne ; ses blancheurs, en s'obscurcissant, tournent au bleuâtre glacé ; au delà s'étend la mer d'un bleu sombre ; — au delà encore, en silhouette d'un gris d'ardoise, se dessine l'Espagne, l'Europe, une proche voisine avec laquelle ce pays, paraît-il, fraye le moins possible. Et cette pointe de notre monde à nous, que j'ai quittée il y a quelques heures à peine, vue d'ici me fait l'effet tout à coup de s'être effroyablement reculée.

Je reviens à Tanger par la place du Grand-Marché, qui est un peu au-dessus de la ville, à l'extérieur des vieux murs crénelés et des vieilles portes ogivales. Il y fait presque nuit. Par terre, sur une étendue d'une centaine de mètres carrés, il y a une couche de choses brunes qui grouillent faiblement : chameaux agenouillés, prêts à s'endormir, pêle-mêle avec des Bédouins et des ballots de marchandises ; caravanes qui sont parties peut-être des confins du désert, par les routes dangereuses et non tracées, pour venir jusqu'ici où finit la vieille Afrique ; jusqu'ici, en face de la pointe d'Europe, au seuil de notre civilisation moderne. Des bruits de voix humaines très rauques et des grognements de bêtes s'élèvent de ces masses confuses qui couvrent le sol de la place. Devant un petit feu, qui flambe jaune, au milieu d'un cercle de gens accroupis, un sorcier nègre chante doucement et bat du tambour. L'air de la nuit, de plus en plus frais, promène des exhalaisons fauves. Le ciel s'étoile partout, dans une limpidité profonde. Et voici qu'une grande musette arabe commence à gémir, dominant tous les autres bruits de sa voix aigre et glapissante... Oh ! j'avais oublié ce son-là, qui, depuis pas mal d'années, n'avait plus glacé mes oreilles !... Il me fait frissonner, et j'éprouve alors une très vive, très saisissante impression d'Afrique ; une de ces impressions des jours d'arrivée, comme on n'en a déjà plus les lendemains quand la faculté de comparer s'est émoussée au contact des choses nouvelles.

Elle continue, la musette, avec une sorte d'exaltation croissante, son air monotone qui déchire; je m'arrête pour mieux l'entendre; il me semble que ce qu'elle me chante là, c'est l'hymne des temps anciens, l'hymne des passés morts... Et j'ai un instant de plaisir étrange à songer que je ne suis encore ici qu'au seuil, qu'à l'entrée profanée par tout le monde, de cet empire du *Moghreb* où je pénétrerai bientôt; que Fez, but de notre voyage, est loin, sous le dévorant soleil, au fond de ce pays immobile et fermé où la vie demeure la même aujourd'hui qu'il y a mille ans.

III

Huit jours d'attente, de préparatifs, de retards.

Pendant cette semaine passée à Tanger, nous avons fait de nombreuses allées et venues, pour examiner des tentes, choisir et essayer des chevaux ou des mules. Et bien des fois, nous sommes montés sur la hauteur là-bas, où notre campement s'est augmenté peu à peu d'un nombre considérable de gens et d'objets, en face toujours des côtes lointaines de l'Europe.

Enfin le départ est fixé à demain matin.

Depuis hier, les abords de la légation de France ressemblent à un lieu d'émigration ou de pillage. Les petites rues tortueuses et blanches d'alentour sont encombrées de ballots énormes, de caisses par centaines; tout cela recouvert de tapis marocains à rayures multicolores et lié de cordes en roseau.

IV

4 avril.

Pour garder nos innombrables bagages, nos gens ont couché dans la rue, effondrés dans leurs burnous, la tête cachée sous leurs capuchons, semblables à d'informes tas de laine grise.

A pointe d'aube, tout cela sort de sa torpeur accroupie, s'éveille et s'agite. D'abord des appels timides, des pas incertains de gens qui dorment encore; puis bientôt des cris, des disputes. Du reste, avec les duretés et les aspirations haletantes de la langue arabe, entre hommes du peuple, on a toujours l'air de se vomir des torrents d'injures.

Et cette grande rumeur d'ensemble, qui augmente toujours, couvre les bruits habituels du matin : chants de coqs, hennissements de chevaux et de mulets, grognements de chameaux dans le plus voisin caravansérail.

Avant le soleil levé, c’est déjà devenu quelque chose d’infernal : des cris suraigus comme en poussent les singes; un brouhaha sauvage à faire frémir. Dans mon demi-sommeil, je m’imaginerais, si je n’étais habitué à ces tapages d’Afrique, que l’on se bat sous mes fenêtres, et même de la façon la plus barbare; qu’on s’égorge, qu’on se mange... Tout simplement je me dis : « Ce sont nos bêtes qui arrivent, et nos muletiers qui commencent à les équiper. »

C’est une rude affaire, il est vrai, que de charger une centaine de mules entêtées et de chameaux stupides, dans des petites rues qui n’ont pas deux mètres de large. Des bêtes, qui ne trouvent plus la place de tourner, hennissent de détresse; des caisses trop grosses accrochent les murs en passant; il y a des rencontres, des collisions et des ruades.

Vers huit heures le tumulte est à son comble. Du haut des terrasses de la légation, au plus loin qu’on puisse voir dans le voisinage, c’est un tassement confus de gens et d’animaux hurlant à plein gosier. En plus des mulets de charge, il y a ceux des Arabes d’escorte, harnachés de mille couleurs,

avec des fauteuils sur le dos, et des tapis de drap
rouge, de drap bleu, de drap jaune, leur faisant
comme des robes. Des cavaliers à visage brun et à
burnous blanc sont déjà en selle, le long fusil mince
en bandoulière. — Et tout ce train de voyage, qui
doit nous précéder sous la conduite et la responsa-
bilité d'un caïd envoyé par le sultan, se met en
marche peu à peu, péniblement, individuellement;
à force de cris et de coups de bâton, le tout s'écoule
vers les portes de la ville, finissant par laisser
libres les petites rues autour de nous.

Alors vient le tour des mendiants, — et ils sont
nombreux à Tanger; — les fous, les idiots, les
estropiés, les gens sans yeux ayant des trous saignants en guise de prunelles, — assiègent la légation pour nous dire adieu. Et, suivant la coutume,
le ministre, paraissant sur le seuil, jette au hasard
des poignées de pièces blanches, afin de nous mé-
riter les prières qui porteront bonheur à notre
caravane.

C'est à une heure de l'après-midi que nous devons nous mettre en route nous-mêmes. Le point
de rendez-vous est la place du Grand-Marché, —

cette place sur laquelle j'ai eu, le soir de mon arrivée, une première et inoubliable audition de
musette arabe.

Au-dessus de la ville s'étend cette vaste esplanade, terreuse et pierreuse, sans cesse encombrée
d'une couche compacte de chameaux agenouillés,
et où grouille perpétuellement une foule en capuchon, qui est aussi d'une couleur rousse de terre.
Tout ce qui arrive de l'intérieur, de par delà le
désert, et tout ce qui va s'y rendre, se groupe et
se mêle sur cette place. Et là, du matin au soir,
retentit le tambour, gémit la flûte des sorciers
jeteurs de sorts, des mangeurs de feu et des charmeurs de serpents.

Aujourd'hui, la formation de notre caravane ap
porte dans ce lieu un surcroît de mouvement et
de cohue. Dès midi, au beau soleil, arrivent nos
premiers cavaliers, notre escorte d'honneur, nos
caïds, et le porte-drapeau du sultan, qui pendant
tout le voyage marchera à notre tête.

Jour de grand marché : des centaines de chameaux, pelés et hideux, sont à genoux dans le
poussière, allongeant de droite ou de gauche, avec
des ondulations de chenille, leur long cou chauve;
— et la masse des paysans ou des pauvres, en burnous gris, en sayon de laine brune, s'agite confu-

sément parmi ces tas de bêtes couchées. C'est un immense fouillis d'une même nuance terne et neutre, qui fait davantage resplendir là-bas, dans la magnifique lumière des lointains, la ville toute blanche surmontée de minarets verts, et la Méditerranée toute bleue. Et, sur le fond monotone de cette foule, éclate aussi plus vivement le coloris oriental des cavaliers de notre suite, les cafetans roses, les cafetans orange, les cafetans jaunes, les selles de drap rouge et les selles de velours.

Notre mission se compose de quinze personnes, parmi lesquelles nous sommes sept officiers; nos uniformes aussi ajoutent à ce tableau de départ un peu de diversité, de couleur et d'or. Cinq chasseurs d'Afrique, en manteau bleu, nous accompagnent. De plus, presque toute la colonie européenne est montée à cheval pour nous faire cortège : des ministres étrangers, des attachés d'ambassade, des peintres, d'aimables gens quelconques.

Et voici le pacha de Tanger, qui vient également nous conduire hors de ses domaines, vieillard à tête de prophète, à barbe blanche, tout de blanc vêtu, sur une mule blanche à selle rouge que quatre serviteurs tiennent en main. Notre ensemble a l'air d'une fête travestie, d'un joyeux méli-mélo de cavalcade.

Retournons-nous une dernière fois pour dire adieu à Tanger la Blanche, dont les terrasses dévalent au loin vers la mer sous nos pieds; disons adieu surtout à ces montagnes bleuâtres qui se dessinent encore de l'autre côté du détroit et qui sont l'Andalousie, la pointe extrême d'Europe prête à disparaître.

Il est une heure, l'heure fixée pour se mettre en route. Le drapeau de soie rouge du sultan, qui doit nous guider jusqu'à Fez, se déploie devant nous, surmonté de sa boule de cuivre; pour musique de boute-selle, nous avons les tambourins et les flûtes des sorciers du marché; et notre colonne s'ébranle, en grand désordre, très gaiement.

Dans la banlieue, sur du sable, nos chevaux, fort gais eux aussi, prennent l'allure sautillante des débuts de promenade. Nous passons d'abord entre des villas à l'européenne, des hôtels, où une quantité de belles dames touristes sont aux balcons, aux vérandas, groupées sous des ombrelles pour nous regarder défiler. Et vraiment on pourrait se croire tout simplement en Algérie à quelque marche militaire, à quelque parade de fête; bien que cependant le mauvais état des chemins et l'absence complète de voitures donnent à ces abords de ville quelque chose d'inusité et de singulier...

Du reste, autour de nous, tout change d'aspect
bien vite. Au bout de quatre ou cinq cents mètres,
l'espèce d'avenue bordée d'aloès par laquelle nous
étions partis se perd complètement dans la campagne à l'abandon, s'efface, n'existe plus. Pas de
routes, au Maroc, jamais, nulle part. Des sentiers
de chèvres, tracés à la longue par le passage des
caravanes; et le droit de traverser à gué les rivières
qui se présentent.

Ils sont bien mauvais aujourd'hui, ces sentiers;
le sol, détrempé par les pluies de l'hiver, cède
partout sous les pieds de nos chevaux, qui s'enfoncent dans de la boue noirâtre, dans de la tourbe
molle.

Les uns après les autres, les amis qui nous recon-
duisaient abandonnent la partie, reviennent sur
leurs pas, après des poignées de main et des souhaits de bon voyage. Tanger a d'ailleurs très promptement disparu, derrière des collines désertes. Et
bientôt nous nous trouvons seuls à suivre l'étendard rouge du sultan, nous qui devons continuer
pendant une douzaine de jours la promenade, seuls
au milieu d'un grand pays silencieux, sauvage, tout
inondé de lumière...

V

Le même jour, à huit heures du soir. A la lueur d'un fanal, sous ma tente, dans un lieu quelconque où nous avons campé pour la nuit. Très seul tout à coup au milieu d'un profond silence, très tranquille après les agitations de la journée, et délicieusement reposé sur mon lit de camp, je me complais à avoir conscience des grandes étendues obscures d'alentour, qui sont sans routes, sans maisons, sans abris et sans habitants.

La pluie fouette les toiles tendues qui composent mes murailles et ma toiture, et j'entends le vent gémir. Le temps, qui était si beau au départ, s'est gâté à l'approche de la nuit.

Nous avons fait courte étape pour cette première fois : vingt kilomètres à peine. Avant la tombée du

jour, nous avons aperçu devant nous notre petite
ville nomade qui nous attendait, gaie et hospita-
lière, toute blanche au milieu des solitudes vertes;
partie de bon matin à dos de mulet, elle était déjà
arrivée, déjà dépliée, déjà remontée, et les deux
pavillons de France et de Maroc flottaient au-dessus
l'un en face de l'autre, amicalement.

C'est le caïd responsable de ces tentes, qui a
charge de faire lever notre camp chaque matin
et de le faire dresser chaque soir — dans des lieux
toujours choisis d'avance, près des rivières ou des
sources, et autant que possible sur des terrains secs
recouverts d'une herbe courte.

Mon lit, très léger, est confortablement posé sur
mes deux cantines, qui l'éloignent autant qu'il faut
du sol, des grillons et des fourmis; ma selle, en
guise d'oreiller, le soulève du côté de la tête, et j'y
suis enveloppé d'une couverture marocaine rayée de
vert et d'orange, en haute laine, qui me tient très
chaud, tandis que le vent frais de la nuit passe sur
moi parfumé d'une odeur saine et sauvage, d'une
odeur de foins et de fleurs. Au-dessus de ma tête,
mon toit a naturellement forme d'immense para-

pluie: il est blanc, les nervures en sont garnies de galons bleus et terminées par des trèfles en maroquin rouge. Tout autour, comme une de ces draperies retombantes qui servent à fermer les cirques ou les chevaux-de-bois, est accroché un *tarabieh*, c'est-à-dire une sorte de petit mur circulaire en toile blanche, garni des mêmes rubans bleus, des mêmes trèfles rouges, et maintenu par des pieux fichés en terre. C'est le modèle uniforme de toutes les tentes de maître, de chef, usitées au Maroc; il y aurait place pour cinq ou six lits comme le mien; mais la magnificence du sultan nous a donné à chacun une maison particulière.

Pour plancher, j'ai l'herbe fine, fleurie d'une minuscule variété d'iris : c'est un beau tapis violet doucement odorant, au milieu duquel trois ou quatre soucis, piqués çà et là, éclatent comme de petites rosaces d'or.

Mes compagnons de voyage et nos Arabes d'escorte sont en train de faire comme moi sans doute; ils se couchent et vont s'endormir; dans le camp, on n'entend plus aucun bruit humain.

Et tandis que j'apprécie ce calme, ce silence, ces senteurs fraîches, cet air vivifiant et pur, voici que dans une *Revue* emportée par hasard, je jette les yeux sur un article de Huysmans célébrant ses joies

en sleeping-car : la fumée noire ; la promiscuité et
les puanteurs des cellules trop étroites ; surtout les
charmes de son *voisin d'en dessus*, monsieur d'une
cinquantaine d'années, adipeux, flasque et crachotant
avec breloques sur le ventre, lorgnon à l'œil et ci-
gare aux lèvres... Alors mon bien-être s'augmente
encore à sentir très loin de moi ce voisin de Huysmans, — lequel est, du reste, un type peint de main
de maître du monsieur âgé contemporain, impor-
tant voyageur d'express. Et même, dans ma joie de
songer que cette sorte de personnage ne circule pas
encore au Maroc, j'éprouve un premier mouvement
de reconnaissance envers le sultan de Fez pour ne
point vouloir de sleeping dans son empire, et pour
y laisser les sentiers sauvages où l'on passe à cheval
en fendant le vent...

A minuit la grêle tambourine dehors et une
grande rafale secoue les toiles de mon logis. Puis
j'entends confusément des voix rudes qui se rap-
prochent ; un fanal fait le tour de ma maison, des-
sinant, par transparence sur l'étoffe tendue, les arabesques noires qui décorent l'extérieur : ce sont des
gens de veille qui viennent, sous la direction de

leur caïd, renfoncer à coups de mailloche tous les
piquets de ma tente, de peur que le vent ne l'emporte.

... Il paraît que, quand le sultan est en voyage,
sous sa grande tente à lui, qu'il faut soixante mules
pour transporter, si par hasard au milieu de la
nuit le vent d'orage se lève, on ne se sert pas de
mailloches, de peur de troubler le sommeil du maître
et des belles dames du harem. Mais on réveille
un régiment qui s'assied en rond autour du palais
nomade et y reste jusqu'au jour, tenant dans ses
innombrables doigts toutes les cordes du mur. —
Quelqu'un qui a vécu longtemps auprès de Sa Majesté me contait cela aujourd'hui, tandis que nos
chevaux trottaient côte à côte ; — cette bourrasque
me le remet en mémoire — et je me rendors en
rêvant à cette cour de Fez, où habitent, derrière
des murs et sous des voiles, tant de mystérieuses
belles...

Vers deux heures du matin, nouvelle alerte nocturne : des ébrouements de chevaux affolés, des
galops martelant le sol, des cris d'Arabes. Nos bêtes,
qui se sont détachées, qui se battent, épeurées par

je ne sais quoi d'invisible, prises de panique générale!... Pourvu que tout cela se passe loin de moi,
ne vienne pas s'entraver les pieds dans les cordes
de ma tente et la chavirer; quel ennui ce serait,
sous l'ondée qui ruisselle toujours!

Allah soit loué! La galopade échevelée prend
une autre direction, s'éloigne, se perd dans le noir
d'alentour.

Puis j'entends qu'on ramène les fugitifs, et le
calme revient, — le silence, — le sommeil...

V

5 avril.

A six heures, au grand jour, le clairon d'un de nos chasseurs d'Afrique sonne le réveil.

Vite il faut se lever, se sangler, se guêtrer. Déjà des Arabes ont envahi mon logis pour le démolir, — mon logis de toile blanche tout trempé de la pluie de la nuit.

En un tour de main, c'est fait; le vent aidant, cela s'envole, flotte un instant avec un bruit de voile de navire, puis retombe aplati sur l'herbe mouillée, et j'achève à l'air libre d'attacher mes éperons, de mettre la dernière main à ma toilette.

Les petites fleurs qui ont dormi sous mon toit vont recouvrer la liberté, l'arrosage des averses et la solitude.

Et toute notre ville se démonte de la même ma-

nière, se plie, s'attache serré dans des quantités de
ficelles; puis se charge sur des mules qui ruent, sur
des chameaux qui grognent; en route, notre camp
est levé!

*
* *

Au départ, les chevaux dansent, hennissent, se
défendent ou s'amusent.

Nous commençons notre étape du second jour
dans des montagnes uniformément couvertes de
broussailles de chênes verts, de bruyères et d'asphodèles. Presque jamais d'arbres, au Maroc; mais, en
revanche, toujours ces grandes lignes tranquilles des
paysages vierges que n'interrompt ni une route, ni
une maison, ni un enclos. Un pays inculte, à peu
près laissé à l'état primitif, mais qui semble merveilleusement fertile. Quelques champs de blé, çà et là,
quelques champs d'orge auxquels on ne s'est pas
cru obligé de donner la forme carrée usitée chez
nous, et qui ont l'air de prairies d'un vert tendre.
Comme cela repose les yeux, après notre petite campagne française, toute en damiers, morcelée et découpée... J'ai déjà connu ailleurs cette sorte de
bien-être, de soulagement particulier que l'on éprouve
dans les pays où l'espace ne coûte rien et n'est à

personne; dans ces pays-là, il semble aussi que les
horizons s'élargissent démesurément, que le champ
de la vue soit très agrandi, que les étendues ne
finissent plus.

Et toujours, à quelque cinquante mètres en avant
de nous, sur les tranquilles lointains verts sans
cesse déroulés, — toujours se dessine cette même
première avant-garde, qui nous guide et que nous
suivons dans sa continuelle fuite : trois cavaliers de
front; celui du milieu, un grand vieux nègre de
majestueuse allure, en cafetan de drap rose, en
burnous et turban de fine étoffe blanche, portant
haut l'étendard du sultan, l'étendard de soie rouge
à boule de cuivre; ceux des côtés, nègres aussi,
pareillement coiffés, tenant en main leurs longs
fusils, dont les canons brillent sur l'uniformité
bleuâtre des fonds, des montagnes et des plaines.

Vers dix heures, sous le ciel toujours gris, dans
la campagne toujours verte et sauvage, nous apercevons là-bas devant nous une ligne immobile de
bonshommes à cheval, postés pour nous attendre.
C'est que nous allons changer de territoire, et tous
les hommes de la tribu chez laquelle nous arrivons

se tiennent sous les armes, caïd en tête, pour nous recevoir. Ainsi qu'il est d'usage pour les ambassades qui passent, ils nous feront escorte à travers leur pays, et les autres, venus de Tanger, s'en retourneront.

Oh! les étranges cavaliers, vus au repos et dans le lointain! Sur leurs petits chevaux maigres, sur leurs hautes selles à fauteuil, on dirait des vieilles femmes enveloppées de longs voiles blancs, des vielles poupées à figure noire, des vieilles momies. Ils tiennent en main de très longs bâtons minces recouverts de cuivre brillant, — qui sont des canons de fusil, — leur tête est tout embobelinée de mousseline, et leurs burnous, sur la croupe de leurs bêtes, traînent comme des châles.

On s'approche et, brusquement, à un signal, à un commandement jeté d'une voix rauque, tout cela se disperse, essaime comme un vol d'abeilles, gambade avec des cliquetis d'armes, en poussant des cris. Leurs chevaux, éperonnés, se cabrent, sautent, galopent comme des gazelles effarées, queue au vent, crinière au vent, bondissant sur les rochers, sur les pierres. Et, du même coup, les vieilles poupées ont pris vie, sont devenues superbes aussi, sont devenues des hommes sveltes et agiles, à beau visage farouche, debout sur de grands étriers argentés. Et tous les burnous blancs qui les empaquetaient se sont envolés, flottent maintenant avec une grâce exquise, découvrant des robes de dessous en drap rouge, en drap orange, en drap vert, et des selles qui ont des tapis de soie rose, de soie jaune ou de soie bleue à broderies d'or. Et les beaux bras nus des cavaliers, fauves comme du bronze, sortent des manches larges relevées jusqu'aux épaules, brandissant en l'air, pendant la course folle, les longs fusils de cuivre qui semblent devenus légers comme des roseaux....

C'est une première fantasia de bienvenue, pour nous faire honneur. Dès qu'elle est finie, le caïd qui l'avait conduite s'avance vers notre ministre et lui tend la main. Nous disons adieu à nos compagnons d'hier qui s'éloignent, et nous continuons notre route escortés de nos nouveaux hôtes.

VII

J'ai souvenance d'avoir traversé toute l'après-
midi de cette même journée d'immenses, d'interminables plateaux de sable recouverts de fougères, —
comme sont nos landes du sud de la France. Ces
plaines étaient d'un vert tendre et frais, à l'infini,
d'un vert tout neuf d'avril; un rayon atténué de
soleil les éclairait obstinément, au seul point pré-
cis où nous étions, comme si cette lueur nous eût
suivis, tandis qu'alentour les grands horizons de
montagnes, où pesaient des nuages sombres, se
confondaient avec le ciel dans des obscurités
lourdes et sinistres. Des rideaux de brume tami-
saient une sorte de lumière couleur d'argent doré,
de vermeil pâli, et c'était inattendu de voir ainsi
fraîches et voilées ces campagnes africaines.

Le frôlement de notre passage, les sabots de nos chevaux brisant les tiges, développaient très fortement la senteur des fougères — qui me rappelait les beaux matins de juin dans mon pays, l'arrivée au marché des mannequins de cerises. — (En Saintonge, les cerises ne voyagent jamais sans être enveloppées de cette sorte de feuillage; aussi ces deux senteurs sont-elles inséparables dans mon souvenir.)

Et, de chaque côté de notre colonne, en sens inverse de notre marche, toutes les cinq minutes, des groupes de cavaliers arabes passaient comme le vent. Sur ces tapis de plantes, sur ces sables, on entendait à peine le galop de leurs chevaux; tout le bruit qu'ils faisaient en fendant l'air était un léger cliquetis de cuivre et un flottement échevelé de burnous; il semblait plutôt entendre une bourrasque dans des voiles de navire, ou un grand vol d'oiseaux. A peine aussi avait-on le temps de se garer pour n'être pas frôlé par eux. Et, au moment même où ils nous croisaient, ils poussaient un cri rauque, puis tiraient à poudre un coup de leur long fusil, nous couvrant de fumée.

A chaque instant, à droite ou à gauche, recommençait cette vision rapide, cette espèce de cauchemar de guerre, qui fuyait terriblement vite.

Vers le soir seulement, ces fantasias cessèrent. Autour de nous, la teinte verte était de plus en plus belle, le pays devenait presque boisé; il y avait des bouquets d'oliviers, et les palmiers-nains étaient si vieux, si hauts, qu'ils ressemblaient à de vrais arbres. Des hameaux apparaissaient çà et là sur des collines : murs de terre battue et toits de chaume gris; le tout entouré, gardé, à demi caché par des haies d'énormes cactus-raquettes d'un vert presque bleu. Et des femmes en haillons de laine grise sortaient, à notre approche, de ces formidables clôtures tout hérissées d'épines, criant: « You! you ! you ! » pour nous faire honneur, avec des voix stridentes, perçantes, comme en ont les martinets, les soirs d'été, lorsqu'ils tourbillonnent dans le ciel.

Puis cette région habitée s'éloigna de nous et, après deux ou trois gués franchis, nous aperçûmes dans une prairie, dans un bas-fond très frais, notre camp qui achevait de se monter. Nos chevaux hennirent de plaisir en le reconnaissant.

Toujours pareille, notre petite ville, toujours disposée de la même manière, comme si elle se transportait d'une seule pièce, sur des roulettes. Et, dès l'arrivée, chacun de nous, sans hésiter, se rend tout droit dans sa maison, qui, par rapport aux autres, n'a pas changé de place ; il y retrouve son lit, son bagage et, par terre, sur un premier tapis d'herbe et de fleurs, son tapis marocain, étendu. Nous voyageons avec tout le confort des nomades, n'ayant à nous occuper de rien, n'ayant qu'à jouir du grand air, du changement, de l'espace.

Nos quinze tentes forment un cercle parfait, laissant au milieu une sorte de place, de prairie intérieure où nos chevaux paissent. Toutes sont semblables, le mât central surmonté d'une grosse boule de cuivre, et les parois ornées, au dehors, de plusieurs rangs d'arabesques d'un bleu noir, qui tranchent sur la blancheur de l'ensemble. (Ces arabesques, faites de morceaux d'étoffe découpés et cousus, sont d'un dessin toujours le même, extrêmement ancien, consacré par des traditions millénaires : espèces de créneaux dentelés qui se succèdent en séries, les mêmes que les Arabes taillent dans de la pierre au sommet de leurs murailles religieuses, les mêmes qu'ils brodent au bord de leurs tentures de soie, les mêmes qui entourent leurs mosaïques de faïence, et que l'on voit aussi aux lambris de l'Alcazar ou de l'Alhambra.)

Et autour de nos tentes, formant un second cercle

enveloppant, il y a celles de nos chameliers, de nos
muletiers, de nos gardes; plus petites, plus pointues, celles-ci, et tout uniment grisâtres, disposées
avec moins d'ordre, elles composent un quartier
tout bédouin, qu'encombrent nos bêtes de somme,
et où d'étranges musiques se font entendre le soir
aux veillées.

*
* *

L'apparition de la *mouna* est toujours l'événe-
ment le plus considérable de nos fins d'étapes ;
c'est au crépuscule généralement que cela arrive,
en long cortège, pour se déposer ensuite sur l'herbe
devant la tente de notre ministre. Pardon pour ce
mot arabe, mais il n'a pas d'équivalent en français :
la *mouna*, c'est la dîme, la rançon, que notre qualité d'ambassade nous donne le droit de prélever sur
les tribus en passant. Sans cette *mouna*, commandée longtemps à l'avance et amenée quelquefois de
très loin, nous risquerions de mourir de faim dans
ce pays sans auberges, sans marchés, presque sans
villages, presque désert.

*
* *

Notre *mouna* de ce soir est d'une abondance

royale. Aux dernières lueurs du jour, nous voyons s'avancer au milieu de notre camp français une théorie d'hommes graves, drapés de blanc ; un beau caïd, noble d'allure, marche à leur tête, avec lenteur. En les apercevant, notre ministre est rentré sous sa tente et s'est assis, comme le prescrit l'étiquette orientale, pour les recevoir au seuil de sa demeure. Les dix premiers portent de grandes amphores en terre, pleines de beurre de brebis ; puis viennent des jarres de lait, des paniers d'œufs ; des cages rondes, en roseau, remplies de poulets attachés par les pattes ; quatre mules chargées de pains, de citrons, d'oranges ; et enfin douze moutons, tenus par les cornes — qui pénètrent à contre-cœur, les pauvres, dans ce camp étranger, se méfiant déjà de quelque chose.

Il y a de quoi nourrir dix caravanes comme la nôtre ; mais refuser serait un manque absolu de dignité.

D'ailleurs nos gens, nos cavaliers, nos muletiers, attendent, avec leurs convoitises d'hommes primitifs, cette *moûna* pour se la partager ; toute la nuit, ils en feront des bombances sauvages, ils en revendront demain, et il en restera encore des débris par terre pour les chiens errants et les chacals. C'est l'usage établi depuis des siècles :

dans un camp d'ambassadeur, on doit faire continuelle fête.

***

A peine le ministre a-t-il remercié les donateurs
(d'un simple mouvement de tête comme il convient
à un très grand chef), la curée commence. Sur un
signe, nos gens s'approchent; on se partage le
beurre, le pain, les œufs; on en remplit des burnous, des capuchons, des cabas en sparterie, des
bâts de mulet. Derrière les tentes de cuisine, dans
un petit recoin de mauvais aspect, qui semble se
transporter, lui aussi, avec nous chaque jour, on
emmène les moutons, — et il faut les y traîner, car
ils comprennent, se défendent, se tordent. Au crépuscule mourant, presque à tâtons, on les égorge
avec de vieux couteaux; l'herbe est toujours pleine
de sang, dans ce recoin-là. On y égorge aussi des
poulets par douzaines, en les laissant se débattre
longuement le cou à moitié tranché, afin de les
mieux saigner. Puis des feux commencent à s'allu-
mer partout, pour des cuisines bédouines qui seront
pantagruéliques; sur des tas de branches sèches,
des petites flammes jaunes surgissent çà et là,
éclairant brusquement des groupes de chameaux,
des groupes de mules qu'on ne voyait déjà plus

dans l'obscurité, ou bien de grands Arabes blancs,
aux airs de fantôme. On dirait maintenant d'un
camp de gitanos en orgie — au milieu de ce pays
désert qui est déployé en cerle immense alentour
et qui, tout à coup, dès que les feux brillent, paraît
plus profond et plus noir.

Temps toujours couvert, très sombre, presque
froid. Nous sommes dans une région de prairies,
de marécages. Et, pendant ces préparatifs de festins,
les grenouilles nous commencent de tous les côtés à
la fois, jusque dans les lointains extrêmes, leur
musique nocturne, leur même ensemble éternel, qui
est de tous les pays et qui a dû être de tous les
âges du monde.

Vers huit heures, comme nous finissons de dîner
nous-mêmes sous la grande tente commune qui nous
sert de salle à manger, quelqu'un avertit le ministre
qu'on vient de lui immoler une génisse, là, dehors,
à la porte de son propre logis. Et nous sortons,
avec une lanterne, pour savoir ce que signifie ce
sacrifice et qui l'a accompli.

C'est un usage marocain d'immoler ainsi des animaux aux pieds des grands qui passent, lorsqu'on a
une grâce à leur demander. La victime doit râler

longuement, en répandant peu à peu, son sang sur la terre. Si le seigneur est disposé à accueillir la supplique, il accepte le sacrifice et autorise ses serviteurs à enlever cette viande abattue pour la manger; dans le cas contraire, il continue son chemin sans détourner la tête et l'offrande dédaignée reste pour les corbeaux. Quelquefois, paraît-il, pendant les voyages du sultan, la route qu'il a suivie est comme jalonnée par les bêtes mortes.

La génisse, encore vivante, est couchée devant la tente du ministre, en travers de sa porte; elle souffle bruyamment, les naseaux ouverts; la lueur du fanal éclaire la mare de sang échappée de sa gorge, qui s'élargit sur l'herbe. Et trois femmes sont là — les suppliantes — enlaçant de leurs bras le mât de notre pavillon de France.

Elles sont de la tribu voisine. Pendant les premiers moments du repas de nos gardes, pendant les premières minutes de gloutonnerie affamée, la nuit aidant, elles ont réussi à pénétrer au milieu de nos tentes sans être aperçues; puis, quand on a voulu les chasser, elles se sont cramponnées à cette hampe du drapeau avec un air de se croire inattaquables sous cette protection-là, et on n'a pas osé les en arracher de force. Elles ont amené avec elles quatro ou cinq petits tout jeunes, qui s’accrochent à leurs vêtements ou qu’elles portent à leur cou. Dans l’obscurité, et avec leurs voiles à moitié baissés, il est impossible de démêler si elles sont jolies et jeunes, ou bien laides et vieilles ; d’ailleurs, leurs tuniques flottantes, agrafées aux épaules par de larges plaques d’argent que l’on voit briller, dissimulent toutes les lignes de leurs corps.

L’interprète s’approche, et d’autres fanaux sont apportés, éclairant mieux ce groupe de formes blanches autour de cette bête égorgée qui finit de mourir par terre.

Ce sont les trois épouses d’un caïd de la région. Pour des méfaits qu’il ne m’appartient pas d’apprécier, leur mari a été enfermé, depuis déjà deux ans, dans les prisons de Tanger, sur les instances de la légation de France. Et elles voudraient que le nouveau ministre français, comme grâce de joyeux avènement, demandât au sultan de Fez de le remettre en liberté.

Il est peut-être très coupable, ce caïd, je n’en sais rien, mais ses femmes sont touchantes. Autant que je puis juger, c’est aussi l’avis du ministre, et, bien qu’il ne veuille dès maintenant faire aucune promesse formelle, la cause me paraît en voie d’être gagnée.

VIII

6 avril.

Vers cinq ou six heures du matin, avant le réveil sonné au camp, je soulève la porte de ma tente pour regarder au dehors. Et cette première apparition matinale du pays d'alentour m'impressionne d'une manière inattendue.

Un ciel uniformément obscur, sur tout le vaste pays vert où nous sommes; de grandes plaines d'iris, de palmiers-nains, d'asphodèles; par places, des amas de marguerites blanches, si serrées qu'on dirait des plaques de neige; tout cela humide de pluie ou de rosée; dans les lointains, ce vert intense s'assombrit sous les nuées lourdes qui traînent; il tourne au gris d'ombre, puis, vers l'horizon, se mêle peu à peu, par plans dégradés, avec le noir des montagnes et du ciel : — une aurore sinistre, dans un lieu quelconque perdu au milieu d'un grand pays primitif.

Des mules, déjà sellées par les soins de quelques serviteurs matineux, sont tassées là-bas les unes contre les autres, en fouillis, debout sur leurs pattes mais dormant encore ; leurs hautes selles à dossier, recouvertes de drap rouge, forment des taches de couleur éclatante sur ces fonds de teintes neutres, sur ces derniers plans d'un gris violacé d'encre. Immobiles, elles ont l'air d'avoir été préparées là et d'attendre, pour quelque défilé de féerie sans spectateurs. Nos gardes s'éveillent, sortent un à un des tentes, étirant leurs longs bras bruns ; ayant toujours, à cause de ces robes et de ces voiles, un faux air de grandes vieilles femmes maigres, de gigantesques gypsies...

Ah ! les suppliantes d'hier au soir, qui sont encore là ! Malgré les averses tombées, elles ont, paraît-il, passé la nuit accroupies devant la tente du ministre. Même elles sont plus nombreuses, ce matin : des vieilles, des jeunes, toute la famille du captif sans doute, et de pauvres petits bébés, encapuchonnés à la bédouin, qui dorment transis contre la poitrine des mères. Près d'elles, sur l'herbe mouillée, à la place où elles ont immolé la génisse, s'étale toujours une large tache de sang délayée par la pluie.

Je m'approche de leur groupe ; alors une vieille tatouée, qui me dit être la mère du caïd, prend dans ses mains le pan de mon manteau et l'embrasse. De cet instant, je me sens gagné à leur cause et me promets d'intercéder pour elles quand le moment sera venu...

Comme ce lieu est triste, par un temps pareil, triste et mystérieux !... Sur ces lointains si sombres, comme nos tentes sont blanches !

IX

Nous partons comme une fantasia, au galop dans
le vent froid du matin, presque tous de front, pêle-
mêle, grimpant une côte ; et c'est joli, notre troupe
bigarrée d'uniformes et de burnous, sur la colline
si verte. On ne sait quelle idée est venue ce matin
aux trois vieilles poupées nègres qui nous guident,
de faire courir si vite l'étendard du sultan ; mais
nos chevaux, tout frais, ne demandent pas mieux
que de les suivre, ni nous non plus. Et c'est amusant, au réveil, cette vitesse, ce brouhaha, ce cliquetis d'armes, tout le train de cette course rapide
à travers un bon air pur que personne n'a respiré et
qui dilate les poitrines. Nos mules de charge, qui
d'abord avaient voulu suivre aussi, sont promptement distancées ; une dizaine d'entre elles, qui por-

taient nos cantines, s'abattent et roulent ; et alors il
y a des cris, des hurlements d'Arabes : les muletiers
se précipitent, burnous flottants, s'entassent comme
une nuée d'oiseaux de proie sur chaque bête
tombée, pour la relever, la recharger, la battre.
Vaguement, nous entrevoyons ces scènes, en courant
toujours ; puis elles sont hors de vue bientôt. Du
reste, cela ne nous regarde ni ne nous inquiète : les
bagages finissent toujours par arriver et c'est l'affaire
du caïd responsable. Courons toujours, nous ; dans
le vent, dans la pluie qui commence à rayer l'air,
continuons notre allure de fantasia...

Quand notre galopade s'arrête, il pleut à torrents
d'un ciel tout noir, et le vent gémit, en nous cin-
glant les oreilles. Nous sommes sur des plateaux
bossués, dans une région de sables maigrement
tapissée de fougères ; en avant se prolongent à l'infini les espèces de dunes de cette plaine ondulée.
C'est un sable d'un jaune doré, très fin, sur lequel
nous trottons sans bruit comme sur une piste de
manège ; aux fougères, qui dominent, se mêlent
des asphodèles toujours, des lavandes, et des quantités de fleurs blanches semblables à de larges

églantines ; toutes ces plantes, arrosées à grande eau, sont délicieusement fraîches et répandent des senteurs douces, sous l'écrasement rapide des pieds de nos chevaux.

Puis, pendant deux heures, passe une région plus triste, pierreuse, ravinée, tourmentée, avec des ajoncs odorants tout couverts de fleurs jaunes et quelques aubépines ; une infinité de petites vallées sauvages se succèdent, toutes pareilles, sans vestige humain. Ciel de plus en plus noir, vent hurlant sur les broussailles, pluie fouettante. On dirait une Bretagne d'autrefois, avant les clochers et les calvaires : une Bretagne préhistorique, vue au printemps.

Nos trois vieilles poupées nègres d'avant-garde se sont coiffées de 'eur capuchon pointu ; hautes et droites sur leurs chevaux grêles, ayant étalé leurs burnous qui traînent sur les croupes, elles semblent des babouins, ainsi vues de dos ; — des babouins de forme conique, très larges de base et terminés en pointe aiguë. Et leur étendard rouge, qui était neuf au départ, retombe à présent sur sa hampe, tout trempé et piteux.

Nous allons changer de tribu, à ce qu'il paraît,

et entrer dans le territoire d'El-Araïch. Car voici là-bas, sur une crête de colline, une centaine de cavaliers qui nous attendent. A travers la pluie aveuglante, on les aperçoit en troupe quasi-fantastique, hérissée de longs fusils minces ; enveloppés de blanc, tous, et capuchon baissé, ils ne parlent ni ne bougent. — Et c'est bizarre de les voir immobiles comme des momies, ces gens-là, quand on sait que tout à l'heure un vertige de vitesse va les prendre, et que, dans leur course furieuse, le vent fera fouetter autour d'eux mille choses échevelées, burnous, turbans déroulés, crinières et longues queues.

Sur le front des cavaliers, toujours encapuchonnés et momifiés, le caïd s'avance pour tendre la main au ministre. Il a une figure de saint prophète, régulièrement belle, douce et mystique. Il porte un cafetan de drap rose, avec burnous blanc et burnous bleu drapés l'un sur l'autre, et le cheval qu'il monte est d'un gris pommelé, harnaché de soie vert-réséda brodée d'or. Son lieutenant, qui l'accompagne, a, par contraste, une figure cruelle, un petit nez crochu de faucon ; sur un cheval jaune à selle bleue, il porte un cafetan de drap capucine avec un burnous couleur d'ardoise. Et il y a une telle lumière dans ce pays que, même par ce triste temps pluvieux, la combinaison de ces nuances donne un éclat qu'aucun costume n'atteindrait jamais sous notre ciel d'Europe.

Malgré l'averse, il faut assister à la grande fantasia de bienvenue.

Tous ensemble, les cavaliers rejettent leurs capuchons et éperonnent leurs chevaux, qui s'élancent, tête levée, par bonds furieux... Allah! avec des hennissements et des cris, la course est commencée, les draperies volent et les fusils tournoient dans l'air...

Les trois quarts des coups de feu ratent sous l'ondée torrentielle, et le caïd s'excuse beaucoup, expliquant que la poudre est mouillée. Mais c'est beau quand même et entraînant; peut-être est-ce plus extraordinaire encore que sous un tranquille ciel bleu : cavaliers affolés, pluie cinglante et nuages noirs, tout semble mené par le vent en un même tourbillon...

Dans cette nouvelle escorte, qui nous accompagnera jusqu'à demain, il y a, sous des turbans, quelques paires d'yeux bien sauvages.

Halte de deux heures pour déjeuner, sur une

3.

colline où, par extraordinaire, est bâti un village. (C'est, du reste, grâce à ces haltes de midi que nos tentes et nos cantines atteignent chaque jour avant nous le terme de l'étape et que nous trouvons en arrivant notre camp toujours monté.)

En hâte, nos gens dressent sur cette colline notre grande tente de salle à manger qui, par exception, voyage toujours à notre allure, derrière nous, sans nous perdre de vue. Et, comme il fait très froid, ils allument un feu, un vrai bûcher de feuilles de palmiers-nains, qui brûlent avec une forte odeur balsamique, en répandant une fumée d'incendie.

Ce village, qui est ici, se compose, comme ceux d'hier, de petites huttes en chaume gris, cachées derrière des haies de grands aloès ou de grands cactus bleuâtres. Auprès, il y a un palmier-dattier, élancé et frêle sur sa tige, le premier que nous ayons rencontré depuis notre départ. Il y a aussi un tombeau de saint marabout, très vénéré dans la contrée; un drapeau blanc flotte au-dessus, afin d'indiquer aux voyageurs, aux caravanes, qu'il est bien de s'arrêter au passage pour déposer là pieusement quelques pièces de monnaie en offrande. (Au Maroc, il y a beaucoup de sépultures saintes à drapeau blanc, même dans les endroits les plus inhabités, les plus solitaires, et les rares passants y déposent leurs dons, qui sont généralement res·pectés par les voleurs.)

*
* *

Tandis que nous déjeunions des restes de la *mouna* d'hier, le beau temps est revenu; avec la rapidité spéciale à l'Afrique, le ciel, subitement balayé, a repris son admirable transparence bleue; la lumière a reparu splendide.

Dans ce pays sans arbres, on voit toujours à d'extrêmes distances; d'ailleurs, presque jamais de maisons ni de villages, rien qui vienne rompre cette immense monotonie verte ou brune; alors l'œil s'habitue à fouiller les grandes lignes des horizons, à y découvrir du premier coup, comme sur les plaines de la mer, tout ce qui s'y passe d'anormal, tout ce qui est une indication de mouvement ou de vie, même à des degrés d'éloignement tels, que, dans notre pays, on ne distinguerait plus. Sur le flanc de quelque colline déserte, bleuâtre à force de distance, lorsque des points blancs apparaissent, on se dit, s'ils restent immobiles : ce sont des pierres ; des moutons, s'ils se déplacent. Une réunion de points roux indique un troupeau de bœufs. Et enfin, une longue traînée brunâtre, qui s'avance avec une lenteur ondulante, avec un cheniilement incessant et tranquille, nous représente tout de suite une caravane, dont nous dessinerions même par avance les nombreux chameaux à la file, balançant leur long cou avec un dandinement de sommeil.

Un objet extraordinaire, qui nous suit depuis Tanger et que nous sommes aussi habitués à chercher des yeux, tantôt en avant de nous, tantôt en arrière, au fond des lointains, c'est le canot électrique (!!?), de six mètres de long, que nous portons en cadeau à Sa Majesté le sultan ; il est enfermé dans une caisse de bois grisâtre qui lui donne l'aspect d'un bloc de granit, et il s'avance péniblement, par les ravins, par les montagnes, porté sur les épaules d'une quarantaine d'Arabes. Dans les bas-reliefs égyptiens, on a déjà vu de ces énormes choses défiler, portées, comme celle-ci, par des théories d'hommes en robes blanches, aux jambes nues.

Nous campons ce soir en un point appelé Tlata Raïssana, où se tient chaque mois, paraît-il, un immense marché de bestiaux et d'esclaves.

Mais le lieu est désert aujourd'hui. C'est au bord d'un grand ruisseau frais, au milieu de montagnes si uniformément tapissées de fougères qu'elles semblent recouvertes d'une sorte de même étoffe moutonnée, d'un vert admirable. Il y a, comme toujours, beaucoup de fleurs autour de nos tentes, mais plus du tout nos fleurs de France; ici, dans ce recoin particulier, en terre de bruyère, croissent des espèces inconnues à nos campagnes et à nos jardins, très parfumées toutes, et nuancées un peu étrangement.

Des fantasias galopent autour du camp toute la soirée; jusqu'au coucher du soleil, on n'entend que bruits de chevaux passant en tonnerre, coups de fusil et cris d'Arabes...

*
* *

Vers sept heures, la *mouna* fait son entrée au camp avec la majesté habituelle. Mais elle est insuffisante : rien que huit moutons, et le reste à l'avenant. C'est inacceptable pour une ambassade; il faut refuser afin de maintenir la dignité de notre pavillon. Et ce refus constitue un incident diplomatique, qui serait même très grave pour le caïd de la région, si l'affaire arrivait jusqu'au sultan.

Il joue la surprise et la consternation, avec des gestes délicieux, le beau caïd en robe de drap rose ; il fait mine de s'en prendre à des caïds inférieurs — lesquels s'en prennent à des gens quelconques — lesquels tombent à coups de bâton sur d'innocents bergers.

Mais ce n'était qu'une comédie complotée entre eux tous afin de nous mettre à l'épreuve ; un complément de *mouna* était préparé, à toute éventualité, et caché, à petite distance, dans un ravin. Après souper, un nouveau cortège se présente au clair de lune, amenant cette fois seize moutons, une quantité respectable de poulets, de pains et de jarres de beurre. Et les caïds, anxieux de ce que le ministre va dire, attendent en silence autour de sa tente, dans la majesté de leurs longs burnous blancs. Cette nouvelle *mouna*, très convenable, est agréée et l'incident est clos.

X

Ayant franchi, sous un ciel toujours bas et noir, les premières montagnes d'alentour, veloutées de fougères, nous retombons dans d'infinies solitudes toutes blanches d'asphodèles en fleur.

Çà et là, un grand glaïeul rouge, ou une touffe d'iris violets, jettent leurs belles teintes fraîches au milieu des blancheurs monotones de ce parterre. Et c'est ainsi à perte de vue.

De temps à autre, des cigognes passent, d'un vol lent, fouettant l'air de leurs grandes ailes mi-parties blanches et noires ; — ou bien des corbeaux, des aigles.

Toujours la pluie. Et personne en vue, ce matin ; ni un groupe de laboureurs, ni une file d'ânons, ni une caravane.

Une maman chameau, qui est seule avec son fils au bord du sentier perdu, s'approche avec intérêt pour nous regarder défiler. Son fils, qui vient tout juste de naître, je pense, a le cou si mince et la tête si petite qu'on le prendrait de loin pour une autruche à quatre pattes. Il est presque gentil, dans son étonnement de nous voir, dans sa grâce enfantine et épeurée.

Pluie, pluie à torrents. Nos trois vieilles poupées nègres d'avant-garde, encapuchonnées aujourd'hui jusqu'au-dessous des yeux, ont repris plus que jamais leur aspect de babouins pointus. L'étendard de soie, que la poupée du milieu tient toujours droit comme un cierge, n'est plus qu'une loque déteinte, déchiquetée par le vent. L'eau ruisselle sur nous tous. Et le canot du sultan, toujours semblable à un accessoire de défilé égyptien, avance avec une peine extrême, les pieds de ses quarante porteurs enfonçant à chaque pas dans la terre détrempée.

Après deux heures de cette prairie d'asphodèles, nous apercevons quelque chose comme une lézarde très longue serpentant dans la plaine, quelque chose qui doit être une rivière profondément encaissée.

C'est l'Oued M'cazen, réputée difficile à franchir, et, sur ses bords, il y a un rassemblement de mauvais augure : mules chargées, par centaines, chameaux, cavaliers, piétons, tous arrêtés là évidemment parce que la rivière n'est pas guéable... Alors, comment allons-nous faire ?

L'Oued, grossie par les pluies, est agitée, rapide, roule en bruissant ses eaux boueuses, qui semblent, en effet, très profondes. De plus, elle est encaissée entre de hautes berges verticales, en terre glaise, détrempées et glissantes, absolument dangereuses. Avec nos idées d'Europe sur les voyages, il nous paraîtrait qu'il y a impossibilité matérielle à faire passer là, sans pont, des gens, des bagages et des tentes.

Cependant, nos caïds sont d'un avis différent et on va tenter la chose, en commençant par le frétin.

D'abord nos hommes de peine, qui, en un tour de main, enlèvent leurs burnous, toutes leurs nobles draperies de laine grise, mettent à nu leur beau torse fauve, et se jettent dans l'eau tourmentée et froide, sondant la profondeur : deux mètres tout au plus ; avec un peu de bonne volonté, ce sera peut-être faisable.

Essayons maintenant quelques mules peu chargées...

A force de coups, elles passent, nageant vers le milieu, s'affolant une minute dans le courant qui les entraîne, puis bientôt reprenant pied sur les vases de l'autre rive, avec leur chargement au complet, bien que tout trempé d'eau boueuse.

Mais nous-mêmes, comment passerons-nous, notre dignité d'ambassade nous empêchant de nous dévêtir? Et nos matelas de campement? Et nos beaux uniformes dorés, qui doivent figurer devant le sultan pour la présentation?

Sur le haut de la berge opposée, arrive au galop, avec de grands cris, une petite troupe de cavaliers qui nous font des signes. Nous sommes sauvés! C'est un certain Chaouch, de Czar-el-Kébir (une ville dont nous approchons), qui vient à notre secours avec une nombreuse suite, nous apportant une *mahadia* fabriquée en hâte à notre intention. (Une *mahadia* est une gerbe, un énorme faisceau de roseaux liés de façon à pouvoir flotter.) Deux par deux, nous nous embarquerons sur ce radeau improvisé; avec une corde, on nous hâlera; et nos cantines, nos bagages précieux, passeront de la même manière, à sec comme dans une barque.

Quant au reste de notre colonne, gens ou bêtes, à la nage, tout le monde, et au plus vite! Les caïds se démènent, crient, s'interpellent à tue-tête, toujours avec ces aspirations rauques qui semblent des suffocations de fureur : « 'Ha! caïd Rhaà! — 'Ha!

caïd Abd-er-Hannan ! — 'Ha ! caïd Kaddour ! » Et, de droite, de gauche, ils tombent à coups de bâton sur les hésitants que l'eau froide épouvante.

Avec résignation, les beaux cavaliers arabes se déshabillent, puis déshabillent aussi leurs chevaux et remontent dessus, les tenant enfourchés entre leurs jambes nerveuses comme dans des étaux de bronze. Sur leur propre tête, ils placent en paquet monumental leurs cafetans de drap et leurs burnous ; par-dessus encore, leur énorme selle à fauteuil, leurs harnais de parade, et ils relèvent leurs bras, en anse d'amphore grecque, pour soutenir le tout.

On voit alors s'avancer résolument vers la rivière tous ces échafaudages multicolores, incompréhensibles au premier aspect, ayant chacun pour base cette chose instable : un maigre cheval, cabré et rétif, le long duquel pendent deux jambes nues.

Et tous ces hommes, ainsi chargés, incapables à présent de s'aider de leurs mains, lancent leurs chevaux sur la berge à pic et luisante, rien qu'en leur pressant le flanc, en les éperonnant du talon. Les chevaux hennissent de peur ; glissent, comme qui patine, comme qui descend en char russe, les uns encore debout sur leurs pieds, les autres assis sur leur derrière, et, tout couverts de boue gluante,

tombent dans l'Oued au milieu d'un grand écla-
boussement d'eau ; puis nagent en plein courant, et,
sur l'autre rive, grimpent comme des chèvres.

Dans la quantité, il y en a bien quelques-uns qui
tombent, qui se débattent, qui ruent ; il y a des cavaliers qui roulent dans la rivière, avec leurs beaux
burnous pliés, leurs belles selles trop lourdes qui
les entraînent. Des mules chargées s'abattent en
détresse dans la vase : on les relève à force de cris,
à force de coups, horriblement blessées par les san-
gles et les bâts, la chair tout au vif ; et nos tentes
qu'elles portaient, si blanches au départ, sont maintenant vautrées dans la boue.

Au milieu de l'immense plaine d'herbages, sous
le ciel très sombre, sur les berges de terre grise,
c'est étrange à regarder, l'activité, l'affairement
d'une centaine de chevaux et de cavaliers de toutes
couleurs, d'autant de mules, de chameaux, de porteurs à pied, de gens de peine... Nous avons l'air
d'une tribu émigrante, se hâtant comme dans une
fuite de déroute.

Maintenant, la situation se complique d'un troupeau de bœufs qui passe à la nage, en sens inverse
de notre caravane ; bœufs entêtés qui auraient voulu
demeurer sur l'autre rive ; les Arabes qui les mènent se battent avec eux dans l'eau, nageant d'une

main, les frappant de l'autre, leur tortillant la queue pour les faire avancer, ou les tirant par les cornes.

Vers la fin, les berges de terre glaise ont été polies comme de vrais miroirs par tant de glissades successives. Alors cela devient une chute, une dégringolade générale avec des cris forcenés, un immense désarroi d'animaux affolés, d'hommes nus, de bagages de toutes sortes, de selles rouges, de paquets enveloppés de couvertures chamarrées. Une scène comme il devait s'en passer lors de l'invasion des armées du Prophète. Un grand tableau d'Afrique ancienne, admirable de couleur et de vie, au milieu de plaines désertes, sous un ciel noir...

Enfin, c'est une chose accomplie, menée à bien, à force de coups et de cris. Nous sommes tous, avec nos bagages, sur l'autre rive, sans noyades ni pertes. Nos cantines, nos matelas, trempés et pleins de boue; nos mules écorchées, haletantes. Nous, mouillés de pluie seulement...

Et le désert d'asphodèles et d'iris recommence, tranquille et morne, sous l'ondée, pendant une heure encore. Notre troupe s'est grossie des gens de Czar-el-Kébir, qui sont venus à notre rencontre, amenés par Chaouch: une dizaine d'Arabes à cheval, et autant de juifs à longue chevelure, ayant de

grandes boucles d'or aux oreilles et montés deux
par deux sur des ânons. Czar-el-Kébir, la ville où
nous arriverons ce soir, est la seule entre Tanger
et Fez, — et Chaouch, un bel Arabe au burnous
amaranthe, y est notre agent consulaire. Si l'on
demande ce que nous faisons d'un agent consulaire
à Czar-el-Kébir, voici, c'est que nous y avons des
« protégés français », une vingtaine environ, —
comme, du reste, à Tanger et à Tétouan. Dans la
plupart des villes musulmanes de la Turquie, de la
Syrie ou de l'Égypte, nous avons ainsi de ces « protégés », c'est-à-dire des gens auxquels il n'est pas
permis de toucher sans l'assentiment de nos léga-
tions. — Au Maroc, presque tous nos protégés sont
israélites, je n'ai jamais su pourquoi.

Donc, nous cheminons toujours dans la plaine
de fleurs blanches. Des hirondelles innombrables,
rasant la terre, passent entre les jambes de nos
chevaux.

De temps en temps, nous rencontrons des troupeaux de moutons. Le berger ou la bergère est un
petit tas de laine grise à capuchon pointu, accroupi
sous la pluie dans les herbages. Lorsque nous passons, le burnous se dresse, surgit tout debout, pour
jouir de l'étonnant spectacle de notre troupe en
marche. Alors, sous l'étoffe en lambeaux, un corps

d'enfant se dessine, demi-nu, svelte et jaune; presque toujours la figure est fine et charmante, avec des dents bien blanches et de grands yeux bien noirs.

Vers le soir, nous entrons dans une région cultivée, région bien banale, rappelant les plaines de la Beauce, mais agrandies démesurément, sans maisons ni clôtures : des blés, des blés, des champs d'orge qui n'en finissent plus; la terre, noire et grasse, doit être merveilleusement fertile. Quel grenier d'abondance ce Maroc pourrait devenir!...

Sur une élévation, qui borne la vue en avant, nous apparaît une chose inattendue, une chose que nous nous sommes déshabitués de voir : une foule humaine. Foule arabe, foule en burnous et toute grise, ondulant sur le fond gris du ciel. C'est la population de Czar-el-Kébir, qui est sortie à notre rencontre. Des gens à pied, des gens à cheval, capuchon baissé tous, et formant des rangées de silhouettes pointues. On entend déjà battre les tambourins et gémir les musettes.

Dès que nous sommes à portée, tous les longs fusils, chargés à poudre, font feu sur nous, et les cavaliers s'élancent en fantasia, tandis que les musiques, en crescendo furieux, nous envoient leurs notes les plus déchirantes. Puis toute cette foule, par un mouvement tournant, nous enveloppe, se mêle à nous, nous pénètre, en confusion, en cohue, les bêtes se bousculant et se mordant les unes les autres. Les beaux cavaliers trottent, les piétons courent, burnous au vent, harcelés par les chevaux, sous une menace d'écrasement continuelle. Il y a des quantités d'enfants sur des ânons, quelquefois deux ou trois sur le même, en brochette comique ; il y a des vieillards à béquilles, des éclopés, qui courent tout de même ; des mendiants, des idiots, des saints illuminés qui chantent. Et les joueurs de tambourins, qui sont à pied, battent à tour de bras, effarouchant nos bêtes. Et les sonneurs de musette stridente, qui sont sur des mules, et qui ont les joues gonflées en vessie de cornemuse, les yeux hors des orbites, sonnent, sonnent à se rompre les veines, poussant leurs bêtes rétives à coups de leurs pieds nus ; l'un d'eux, qui est tout rond avec une tête énorme, qui est tout ventru sur un petit âne, ressemble au vieux Silène ; il me suit obstinément, celui-là, me faisant glapir aux oreilles, avec rage, sa musette, en voix triste de chacal. Des gens crient à tue-tête : « Hou ! » en fausset traînant et lugubre. « Hou ! qu'Allah rende victorieux notre sultan Mouley-Hassan ! Hou ! »

Nos chevaux, très excités, très inquiets, dansent

en mesure, au rythme marqué par les tambourins,
et nous cheminons ainsi vers Czar-el-Kébir, assourdis de musiques étranges, dans une ivresse de
bruit.

***

Czar se dessine peu à peu, d'abord très embrouil-
lée par la pluie. Au milieu d'une plaine fertile
comme la terre promise, elle est entourée de bois
d'oliviers et d'orangers magnifiquement verts. Elle
n'a pas la blancheur des villes arabes; au contraire,
elle est d'une nuance terreuse, et ses quinze ou
vingt minarets, qui sont d'un brun sombre, jouent
de loin les clochers de nos pays du Nord; on croirait, sous ce ciel brumeux et dans ces prairies
inondées, arriver dans une ville flamande. Il faut
les quelques palmiers sveltes, très hauts sur tige,
qui se balancent au-dessus, pour donner l'impression de l'Afrique.

Mais bientôt cette impression se fixe tout à fait,
quand se dessinent, dans les vieux remparts croulants, les ogives exquises des portes avec leurs
encadrements d'arabesques.

Sur un versant de colline, à deux cents mètres
des murs, dans un cimetière abandonné, où les
vieilles tombes sont recouvertes de lichens jaune

d'or, nous trouvons notre pauvre petit campement qui s'organise. Nos tentes, nos matelas, nos bagages, gisent encore sur l'herbe, trempés de pluie. Et c'est piteux à voir, comme un déballage de saltimbanques en hiver.

*
* *

En plus de la *mouna* sur pied qui nous est due, on nous apporte ce soir, par galanterie, plusieurs plats tout préparés et tout chauds. C'est, du reste, la première apparition dans notre camp d'un genre d'ustensile avec lequel, dit-on, nous serons appelés à faire grande connaissance dans les banquets de Fez : une énorme boîte ronde, que surmonte une couverture, un toit plutôt, de forme conique très aiguë, en sparterie peinturlurée. Aux repas d'apparat, les mets doivent toujours être présentés là-dessous, et apportés sur la tête des serviteurs. A la tombée de la nuit, une dizaine de graves personnages nous arrivent, coiffés tous de ces choses extraordinaires, auxquelles leurs bras nus, relevés, font comme des anses; et, sans dire une parole, ils les déposent sur l'herbe, devant la tente du ministre.

Sous les toitures en sparterie, il y a des cuves de faïence, remplies d'aliments en pyramide : un couscouss sucré; un couscouss salé, surmonté d'un édifice de poulets; un mouton rôti; ou bien une pile de ces petits gâteaux très aromatisés qu'on appelle au Maroc des « sabots de gazelle ».

Et nous mangeons de tout cela, sous la tente, le soir; notre petite table disparaît sous les plats monstrueux; on dirait d'un souper chez Pantagruel. Et, avec nos reliefs, nos gens ensuite feront la fête jusqu'au jour; demain il ne restera plus rien de ces monceaux de victuailles; on n'imagine pas ce que des Arabes, en temps ordinaire si sobres, sont capables d'engloutir, lorsque le destin les a désignés pour escorter une ambassade.

XI

Lundi 8 avril.

La trompette de réveil ne sonne pas ce matin dans notre camp : cela veut dire que nous sommes bloqués par la pluie; que la rivière de Czar-el-Kébir (l'Oued Leucoutz) est, comme nous le craignions, infranchissable.

On se lève donc plus tard que de coutume, ayant dormi sous une tente mouillée, au-dessus d'une prairie mouillée, entre des couvertures mouillées.

Déjà on entend les tambourins et les musettes. Toute la matinée, des musiciens, des sorciers, des fous, rôdent autour de notre camp; et aussi des pauvres et des pauvresses ramassant les vieilles pattes de poulet, les os de mouton, tous les débris de nos orgies, sur la terre détrempée de ce cime-tière.

Après déjeuner, dans une accalmie de pluie, nous montons à cheval pour aller voir le gué, l'impossible gué de la rivière. Escortés de nos gardes, toujours, et précédés de l'étendard rouge, nous nous avançons vers la ville, qu'il va falloir traverser dans sa plus grande largeur. (Malgré le bon accueil incontestable, malgré les cadeaux et les sourires, nous suivons l'avis des sages, qui est de ne jamais faire un pas sans escorte, et de ne jamais s'en aller seul à plus de cent mètres des tentes; c'est du reste la recommandation du sultan lui-même, qui redoute pour ses hôtes chrétiens l'égarement de quelques fanatiques.)

Le chemin qui mène à la ville est un cloaque de boue liquide, semé de grosses pierres et de carcasses de bêtes pourries. Nous y galopons quand même, puisque tel est l'usage : au Maroc on n'hésite jamais à prendre cette allure de parade, même dans les sentiers où, chez nous, on craindrait de mener au pas un cheval tenu en main.

En dehors des murailles encore debout, il y a, perdus sous les cactus, sous les roseaux et les folles-avoines, des quantités de débris de remparts, remontant à je ne sais quelles époques imprécises. Czar-el-Kébir, si ignorée à présent, a eu tout un passé d'une complication extrême. C'est de là que

partaient jadis les expéditions de guerre sainte·
pour la conquête d'Espagne. Quelques siècles plus
tard, après la chute de Grenade, la ville, prise et
reprise, détruite et rebâtie un nombre incalculable
de fois, tomba aux mains des Portugais; et, il y a
trois cents ans environ, à la suite de la « bataille
des trois empereurs », elle redevint définitivement
marocaine. Depuis cette époque, elle dort et s'écroule
lentement, au milieu de ses jardins délicieux.

Nous entrons par une série de vieilles portes
ogivales, toujours pataugeant dans les flaques de
boue gluante que les pieds de nos chevaux font
jaillir en gerbe contre les murailles. Tout est
sombre et sinistre aujourd'hui, dans ces ruines
mouillées. Chaque petite rue bien étroite, bien tor-
tueuse, est un cloaque, un ruisseau immonde où
notre passage remue des puanteurs. Rien que des
gens encapuchonnés de blanc grisâtre, vêtus de
guenilles grises, avec des jambes nues, jaunes et
boueuses. Ils se rangent, se garent dans des portes,
de peur de nos éclaboussures, et nous regardent avec
indifférence ; leurs figures, généralement belles, ont
je ne sais quoi de sombre et de fermé; en eux-
mêmes, ils poursuivent un vieux rêve religieux
que nous ne pouvons plus comprendre. Ces gens,
évidemment, ne sont pas ceux qui nous ont reçus

hier dans les champs, musique en tête; on avait recruté je ne sais où ces manifestants de bienvenue, ceux-ci n'ont même pas la curiosité de nous voir.

*
* *

On sent, dès l'abord, que cette ville n'est pas de construction arabe; elle n'est pas blanche et ses toits en pente sont recouverts de tuiles; le tout est d'un gris sombre plaqué de lichens jaune d'or, avec un reste de vétusté caduque. Ce sont les Portugais qui ont bâti cela, et les Arabes en arrivant l'ont trouvé tel quel. Çà et là seulement, ils ont découpé leurs portiques dentelés, leurs inimitables ogives. Et ils ont bâti leurs mosquées, leurs grandes tours carrées pour chanter les prières, leurs grands minarets où perchent les immobiles cigognes. Mais la chaux blanche n'a pu prendre sur ces murs étrangers, sans enduit; alors on leur a laissé leur teinte quelconque.

Dans le bazar, qui est couvert et obscur, les passages sont si étroits que nos chevaux, à la file, accrochent les étalages. Les marchands, accroupis dans leurs petites niches, en vêtements blancs, en turbans blancs, paraissent détachés des commerces de ce monde et insouciants des acheteurs. Ils ont surtout à vendre des cuirs, des harnais, peinturlurés pour les chevaux, des sparteries multicolores, qui papillotent, accrochés partout en lourdes grappes.

Puis, vient le quartier des juifs, au moins aussi grand que celui des Arabes. Ici on pourrait se croire aussi bien en Turquie, en Syrie ou en Égypte; dans tous les pays musulmans, les juifs se ressemblent; leurs figures, leurs costumes, leurs maisons, à peu de chose près, sont copiés sur les mêmes modèles invariables.

Nous sortons de la ville par d'autres ogives, déformées, déjetées, mais toujours délicieuses de formes et d'encadrements légers. Et voici la rivière, l'Oued-Leucoutz (l'ancienne Leucus des Romains). Elle est plus large que celle d'hier et encore plus encaissée; en bruissant beaucoup, elle roule à toute vitesse ses eaux boueuses. Des gens à nous se déshabillent et plongent, pour sonder la profondeur : trois ou quatre mètres! Rien à tenter pour aujourd'hui. Il y a, paraît-il, un vieux bac dans les environs, et l'on va se hâter de le réparer et de l'amener ici.

Rentrons en ville, où nous sommes conviés à deux collations, une chez Chaouch, l'autre chez un certain chérif, dont le père, bouffon de cour, fut le favori d'un précédent sultan.

Chez ces deux personnages, les réceptions se ressemblent. Descendus de cheval devant des petites portes festonnées, qui s'ouvrent à peine, tout étroites, toutes basses dans de hauts murs caducs, nous sommes introduits dans des cours intérieures, à colonnades, pavées et lambrissées de mosaïques. D'abord, on nous asperge d'eau de rose lancée en coup de fouet en pleine figure, avec des flacons d'argent à long col mince; dans des brûle-parfums, on allume en notre honneur des morceaux d'un bois très cher de l'Inde, qui répandent une épaisse fumée odorante ; puis on nous offre des « sabots de gazelle » dans de grands plats, et du thé dans de microscopiques tasses comme en Chine ; un thé que l'on fabrique par terre, dans des samovars d'argent, et qui est très sucré, très aromatisé de menthe, d'anis et de cannelle. On ne prend presque jamais de café au Maroc : — du thé toujours et partout. Et c'est l'Angleterre qui le fournit, ainsi que les samovars pour le faire et les tasses dorées pour le boire. Des bateaux anglais jettent dans les ports ouverts des quantités considérables de ces choses, et les caravanes les répandent ensuite jusqu'au fond du Moghreb.

La réception du chérif, fils du bouffon de cour, me semble cependant la plus jolie des deux, et sa

maison aussi, sa vieille maison toute en mosaïques
et en blancheurs de chaux, immense et délabrée. Il
est lui même quelqu'un d'étrange et d'attachant. Sa
figure extrêmement fine et douce garde une expression toujours mystique; à chaque parole aimable
qu'on essaye de lui dire, il croise ses mains sur sa
poitrine, dans une pose de saint des Primitifs, et
baisse la tête avec un sourire de jeune fille.

Je m'attarde en sa compagnie, tout en haut de sa
maison, sur sa terrasse qui est grande comme une
place publique, gondolée, ravinée par les pluies et
les soleils; des couches de chaux blanche, accumu-
lées pendant des siècles, en ont arrondi tous les
angles; elle est bordée d'un mur crénelé, avec de
petites meurtrières pour regarder au loin sans être
vu. C'est la promenade la plus élevée de la ville,
d'où l'on domine tout. Seules, les vieilles tours
sombres des mosquées, avec leurs cigognes immobiles, la dépassent dans le ciel. Bien que ce soit
contraire aux usages, c'est là, dit-il, qu'il passe la
plus grande partie de sa vie, surtout ses soirs d'été.
Pour des raisons politiques, il a été expulsé de Fez
étant encore enfant et n'espère pas obtenir la grâce
de quitter jamais cette résidence de Czar-el-Kébir,
que le sultan lui a assignée comme lieu d'exil. Il étudie les sciences et la philosophie, telles sans doute

qu'on les enseignait au moyen âge, dans de vieux manuscrits arabes extrêmement précieux, où la divination et l'alchimie tiennent une large place.

Nous sommes là trois personnages faisant mélancoliquement le tour de cette haute terrasse : lui, le chérif, tout vêtu de voiles blancs; Chaouch, en long cafetan violet, et moi, — mais je me sens gêné d'apporter une tache dans ce tableau sans âge, qui, si je n'étais là, pourrait aussi bien être daté de l'an 1200 ou de l'an 1000. Je songe aux abîmes de tranquillité et de mysticisme qui doivent séparer les conceptions de ce chérif des conceptions d'un monsieur du boulevard; je cherche à me représenter ce que peuvent être sa vie murée, son rêve et son espérance; et j'envie ses « soirées d'été » dont il me parle, passées ici à contempler de haut toutes les autres terrasses de la ville morte, à écouter chanter les prières, à sonder là-bas les lointains sauvages de la plaine et des montagnes d'alentour; à regarder, par ces sentiers qu'aucune voiture n'a jamais parcourus, passer les caravanes...

Rentrés au camp sous la pluie, éclaboussés jusqu'aux épaules de l'eau fétide des ruelles et des cloaques, nous trouvons les abords de nos tentes de plus en plus envahis par la truanderie de Czar. Encore des sorciers, des mendiants sans jambes qui se sont traînés jusqu'ici sur leur derrière dans l'é-paisseur des boues, pour récolter quelques *floucs* de bronze (piécettes qui portent le sceau de Salomon et dont il faut environ sept pour faire un sou). Et des vieilles femmes, demi-nues, sont à quatre pattes sous nos mulets, grattant la terre avec les ongles, pour trouver les grains qui restent de leur orge et de leur avoine.

XII

Grande pluie et grand vent toute la nuit. Plus rien de sec sous nos tentes.

Une fois de plus, le réveil sonne sous un ciel noir. Nous montons à cheval tout de même, pour franchir coûte que coûte cette rivière et continuer notre voyage.

Avec toute notre escorte, cette fois, avec toute notre suite de chameaux et de mules, il nous faut retraverser Czar, entrer par les mêmes vieilles portes festonnées, enfiler toutes les petites rues en souricière sombre, et patauger dans les mêmes ruisseaux, les mêmes boues, les mêmes ordures.

De l'autre côté de la ville, à la porte de sortie, une vieille femme, qui pense que nous ne compréndrons pas, fait semblant d'être une mendiante en prière pour notre bon voyage, et, tout en tendant la main pour recevoir des aumônes, nous chante : « Dieu maudisse votre religion ! maudisse ! maudisse ! »

« Maudisse ! maudisse ! » elle se dandine au rythme de sa chanson, tout à fait à la manière des pauvresses qui prient, et sa vieille voix moqueuse s'enfle, quand nous sommes passés, pour nous poursuivre.

Nous faisons un assez long détour dans la région des jardins et des vergers, pour aborder la rivière en un point plus commode, où la barque réparée nous attend.

Oh ! les jardins merveilleux ! des bois d'orangers qui embaument; et des palmiers, et de grands cactus arborescents au feuillage bleu, et des géraniums rouges, et des grenadiers, des figuiers, des oliviers ; tout cela d'un vert admirablement printanier, d'un vert tout neuf d'avril. Et dans le luxe exubérant de cette végétation, les plantes d'Europe se mêlent à celles d'Afrique ; parmi les aloès, il y a de hautes bourraches bleues fleuries à profusion ; des acanthes, au feuillage marbré de blanc, poussent en fouillis, s'élèvent à huit ou dix pieds ; des ciguës et des fenouils dépassent la tête de nos chevaux, et les vieux murs, les palissades, sont tapissés de liserons et de pervenches.

Au-dessus des arbres, on aperçoit encore, en se retournant, les hautes tours grises des mosquées qui s'éloignent ; dans cette sorte de bocage enchanté, leur tête, qui se dresse comme pour regarder, suffit à faire planer l'impression toujours sombre de l'Islam. Et les sentiers que nous suivons sont des cloaques immondes, dont rien dans nos pays ne peut donner l'idée ; jusqu'au-dessus des genoux, nos chevaux enfoncent dans une espèce de bouillie grasse ; par instants, ils trébuchent sur un crâne de bœuf, sur une carcasse de chien, sur un tibia ; et, à chaque pas : floc, floc, les éclaboussures noires jaillissent.

Des loriots, des pinsons, chantent à pleine voix dans les branches, des cigognes viennent se poser sur une patte à la cime des arbres pour nous voir passer. Et de distance en distance, donnant accès dans les enclos ombreux, s'ouvrent de vieilles petites portes ogivales, entourées d'ornements en festons, en stalactites, exquises encore dans leur caducité dernière, sous leur linceul de chaux blanche, avec leurs couronnes de rosiers grimpants ou de géraniums rouges. Et les orangers dominent tout de leurs énormes touffes fleuries ; ils imprègnent absolument l'air de leur suave odeur...

La rivière Leucoutz roule ses eaux avec le même empressement qu'hier et semblerait plutôt avoir grossi encore. Mais la barque est là, renflouée, et nous allons passer, petit à petit, comme à l'Oued M'Cazen, en laissant à la nage la plupart de nos gens et toutes nos bêtes.

Une foule est sortie de la ville derrière nous, surtout des juifs, qui sont sans préjugés. Le haut des berges est bientôt couronné de têtes humaines dans les roseaux, et les enfants, pour mieux voir, grimpent sur les arbres.

Alors la grande scène recommence; une clameur, d'abord hésitante, s'élève de notre escorte; puis s'enfle rapidement, devient générale, frénétique.

Pour charger cette barque, qui doit faire un nombre incalculable de tours, il faut naturellement ces cris-là, avec des coups de bâton, des batailles. Et enfin, quand c'est complet pour une fois, quand la barque est bondée de gens et de choses, et que le caïd, à force de furieuses imprécations, réussit à la faire pousser, alors, tous les hommes qui sont dedans, par besoin de donner de la voix, entonnent un autre genre de hurlement, à l'unisson, cette fois, et très prolongé; quelque chose comme un cri de triomphe, pour exprimer : « Nous sommes partis, nous flottons, nous naviguons! »

Les chevaux se défendent : ça ne leur dit rien de se lancer dans cette eau rapide et froide. Les cha-

meaux aussi agitent leur long cou, crient, gémis-
sent. Les mules surtout, qui sont têtues par nature, ne veulent absolument pas. Et quelquefois
huit ou dix Arabes ensemble sont ligués contre une
seule bête obstinée, qui remue ses oreilles, qui
hennit et qui rue, la peau tout écorchée au por-
tage du bât, la chair sanglante. A grande volée, en
cadence, les bâtons s'abattent sur ses flancs, qui
résonnent comme un tambour.

*
* *

Sur l'autre rive, avec cent cavaliers d'escorte
sabre au côté et fusil à l'épaule, nous reformons
notre longue colonne dans des blés et des orges
luxuriants dont les tapis veloutés sont invraisem-
blablement verts. Nous piétinons toutes ces belles
cultures ; mais, au Maroc, cela importe peu, on en a
de reste ; le blé vaut trois francs le quintal, et personne n'y prend garde ; si l'on savait même, à la
saison, emmagasiner les récoltes, il n'y aurait point
d'affamés dans ce pays — et des pauvres vieilles
n'auraient pas besoin de venir, comme hier, ramasser les grains rejetés par les mulets. Le soleil, qui a
reparu, est brûlant ; sans transition, nous avons une
accablante chaleur, sous un ciel à grandes déchi-

rures bleues. Et Czar-el-Kébir s'éloigne, avec ses
bois d'orangers, ses jardins délicieux, ses boues,
ses puanteurs et ses parfums.

Vers midi, revenus de nouveau dans les régions
solitaires et sauvages, nous plantons la tente du
déjeuner dans un lieu exquis, absolument embaumé.
C'est au bas d'une fraîche vallée sans nom, où des
sources jaillissent partout entre les pierres mous-
sues, où des petits ruisseaux clairs courent parmi
les myosotis, les cressons et les anémones d'eau. Le
ciel, maintenant tout bleu, est d'une limpidité infinie; on a l'impression des midis splendides du mois
de juin à l'époque des hauts foins. Toujours pas
d'arbres, rien que des tapis de fleurs; si loin que
la vue s'étende, d'incomparables bigarrures sur la
plaine; mais on a tellement abusé de cette expression « tapis de fleurs. » pour des prairies ordinaires,
qu'elle a perdu la force qu'il faudrait pour exprimer ceci : des zones absolument roses de grandes
mauves larges; des marbrures blanches comme
neige, qui sont des amas de marguerites; des raies
magnifiquement jaunes, qui sont des traînées de
boutons d'or. Jamais, dans aucun parterre, dans
aucune corbeille artificielle de jardin anglais, je n'ai
vu tel luxe de fleurs, tel groupement serré des mêmes
espèces, donnant ensemble des couleurs si vives.

Les Arabes ont dû s'inspirer de leurs prairies désertes pour composer ces tapis en haute laine, diaprés
de nuances fraîches et heurtées, qui se fabriquent à
R'bat et à Mogador. Et sur les collines, où la terre
est plus sèche, c'est un autre genre de parure; là,
c'est la région des lavandes; des lavandes si pressées,
si uniformément fleuries à l'exclusion de toute autre
plante, que le sol est absolument violet, d'un violet
cendré, d'un violet gris ; on dirait ces collines recouvertes de ces peluches nouvelles aux teintes
doucement atténuées, et c'est un contraste singulier
avec l'éclat si franc des prairies. Quand on foule
aux pieds ces lavandes, une odeur saine et forte
se dégage des tiges froissées, imprègne les vêtements,
imprègne l'air. Et des milliers de papillons, de
scarabées, de mouches, de petits êtres ailés quelconques, sont là qui circulent, bourdonnent, se grisent
de bonne odeur et de lumière... Dans nos pays
plus pâles ou dans les pays tropicaux constamment
énervés de chaleur, rien n'égale le resplendissement
d'un tel printemps.

Dès le début de notre étape de l'après-midi, nous
retombons dans des régions infiniment blanches
d'asphodèles, qui durent jusqu'au soir.

Vers deux heures, nous quittons le territoire d'El-Araïch pour entrer chez les Séfiann. Comme toujours, à la limite de la nouvelle tribu, deux ou trois cents cavaliers nous attendent, alignés, le fusil droit, brillant au soleil. Dès qu'ils sont en vue, ceux qui nous escortaient depuis Czar galopent en avant et vont se ranger en ligne, leur faisant face ; nous défilons ensuite entre ces deux colonnes ; et, à mesure que nous passons, un mouvement se fait derrière nous à droite et à gauche, les deux rangs se referment, se mêlent et nous suivent.

Le lieu où cela se passe est fleuri toujours, fleuri comme le plus merveilleux des jardins ; aux quenouilles blanches des asphodèles, s'ajoutent çà et là les hauts glaïeuls rouges et les grands iris violets ; nos chevaux sont jusqu'au poitrail dans les fleurs ; sans mettre pied à terre, nous pourrions, en allongeant seulement le bras, en cueillir des gerbes. Et toute la plaine est ainsi, sans vestige humain nulle part, entourée à l'horizon d'une ceinture de montagnes sauvages.

Les longues tiges de ces fleurs, en se courbant sous notre passage, font un bruit léger, comme si nous frôlions de la soie dans notre course.

Le ciel s'est voilé de nouveau, mais d'une gaze toute légère ; c'est comme un tissu de petits nuages pommelés, d'un gris tourterelle, qui semblent être remontés à des hauteurs excessives dans l'éther. Après ces lourdes nuées basses et sombres qui, les jours précédents, jetaient sur nous leurs continuelles averses, il est délicieux de se promener sous cette voûte tranquille, qui tamise une lumière très douce, qui laisse à l'horizon des limpidités très profondes, et les lointains du jardin immense où nous voyageons ont ce soir des teintes d'une finesse d'Éden.

Des fantasias incessantes, tout le long de notre route, qui dure encore deux heures :

D'abord tous les cavaliers s'élancent en avant, très loin — deux ou trois cents à la fois — toujours étranges, ainsi vus de dos, encapuchonnés en pointe, et d'une blancheur uniforme sous leurs burnous traînants; ici, on ne voit pas leurs chevaux, qui s'enfoncent et disparaissent dans les herbages et dans les fleurs; alors on ne s'explique plus bien ces gens en longs voiles, fuyant avec des vitesses de rêve; et puis ce ciel discret de printemps, et la blancheur de ces costumes, au milieu de toutes ces fleurs blanches, éveillent je ne sais quel sentiment de procession religieuse, de fête de jeunes filles, de « mois de Marie... »

Brusquement, tous ensemble, ils se retournent;

5.

alors apparaissent les visages de bronze des hommes,
et les têtes ébouriffées des chevaux, et toutes les couleurs éclatantes des vêtements et des selles. A un
commandement rauque, jeté par les chefs, ils reviennent ventre à terre, par petits groupes de front,
au galop infernal, lancés sur nous... Brrr!... brrr!...
De chaque côté de notre colonne, ils passent, ils
passent debout sur leurs étriers, lâchant toutes leurs
rênes à leurs bêtes emballées, agitant en l'air leurs
longs fusils, au bout de leurs bras nus échappés
des burnous qu'emporte le vent. Et chaque cavalier
de chaque peloton qui nous croise pousse son cri de
guerre, fait feu de son arme, la lance après dans
le vide, et d'une seule main la rattrape au vol...
A peine avons-nous eu le temps de les voir, que les
suivants arrivent; il en vient d'autres, et d'autres,
comme dans les défilés sans fin au théâtre; brrr!...
brrr!... cela passe en tonnerre, avec toujours ces
mêmes cris rauques, avec toujours ce même bruit des
asphodèles qui se couchent et se froissènt comme
sous le vent d'une rafale...

Ces Séfiann sont de beaucoup les plus beaux et
les plus nombreux cavaliers que nous ayons rencontrés depuis notre départ de Tanger.

Nous camperons ce soir près de chez leur chef, le caïd Ben-Aouda, dont on aperçoit là-bas, au milieu du désert de fleurs, le petit blockhaus blanc, entouré d'un jardin d'orangers. Notre camp aussi est là dressé, en rond comme toujours, dans une haute prairie où l'herbe est fine, sur une sorte d'esplanade dominant les solitudes, et, alentour de nos tentes. une haie de cactus-raquettes aussi hauts que des arbres nous fait comme une clôture de parc.

La *mouna* du caïd Ben-Aouda est superbe, apportée aux pieds du ministre par une théorie toujours pareille de graves Bédouins, tout de blanc vêtus : vingt moutons, d'innombrables poulets, des amphores remplies de mille choses, un pain de sucre pour chacun de nous, et, fermant la marche, quatre fagots pour faire nos feux. (Dans ce pays sans arbres, ce cadeau est tout à fait royal.)

Puis, comme si cela ne suffisait pas, vers huit heures du soir, dans la nuit claire, toute bleue de rayons de lune, nous voyons arriver une procession lente et silencieuse, une cinquantaine de nouvelles robes blanches, portant sur la tête de ces grandes choses en sparterie dont j'ai parlé déjà, et qui ressemblent à des pignons de tourelles; cinquante plats de couscouss, disposés en pyramides, et tout prêts, tout cuits, tout chauds. Au moment de rentrer sous ma tente, la tête déjà lourde de sommeil, je perçois comme à travers un voile fantastique ce dernier tableau de la journée : les cinquante plats de couscouss rangés en cercle parfait sur l'herbe, nous au milieu ; au delà, en un second cercle, les porteurs alignés comme pour danser une ronde autour, mais gardant toujours leur immobilité grave, sous leurs longs vêtements blancs ; au delà encore, nos tentes blanches, formant un troisième cercle plus lointain ; puis le grand horizon enfin, vague et bleuâtre, entourant tout. Et, juste au milieu du ciel, la lune — une lune trouble, une lune de vision, un fantôme de lune — ayant un immense halo blanc, qui semble le reflet, dans le ciel, de tous ces ronds de choses terrestres...

Je m'endors au chant de nos veilleurs de nuit, qui ont l'ordre de faire ce soir un guet plus attentif que d'habitude contre les attaques nocturnes. A leurs voix, qui se prolongent et traînent dans la prairie vide, répondent tout bas des cris de chacals, les premiers que nous ayons entendus depuis notre entrée au Maroc ; — oh ! presque rien : deux ou trois petits cris en sourdine, comme seulement pour dire : Nous sommes là ; mais c'est quelque chose de si mystérieusement triste, qu'on se sent glacer jusqu'aux moelles à ce seul avertissement de présence...

** **

Sous la tente, on dort d'un sommeil particulier, qui est absolu, mais qui n'est pas lourd; qui est très reposant, et qui est cependant traversé de rêves. Des rêves qui sont plutôt des rappels furtifs de sensations physiques; des rêves très incomplets, comme les animaux en doivent avoir... Brrr ! on entend comme l'écho sourd d'un vol de cavaliers arabes, qui vous frôlerait dans la nuit; ou bien on a l'impression d'être emporté soi-même au galop, l'illusion de la vitesse, le ressouvenir et le contre-coup de quelque ruade inattendue qu'on a subie dans la journée; ou bien encore le bras se raidit brusquement, dans le geste instinctif de retenir un cheval qui bute. Durant ces rappels confus de vie animale, le grand air pur du dehors passe sur nos têtes. Et les nuits de sommeil, commencées de très bonne heure, finissent le plus souvent dès que paraît le jour.

XIII

Mercredi 10 avril.

Des cris me réveillent ; des cris affreux, tout près
de moi ; des espèces de gargouillements immondes
qui semblent sortir de quelque monstrueux gosier
suffoquant de fureur. Il fait déjà jour, hélas ! et
bientôt va sonner la trompette, car toutes les arabesques noires qui décorent l'extérieur de ma ai-
son se dessinent par transparence sur la toile
tendue, tout infiltrée de lumière d'or. Et même ces
rayons du soleil levant découpent sur ma muraille,
en ombre chinoise, la forme de la bête qui pousse
ces vilains cris ; un cou très long, très long, qui se
tord comme une chenille, et, à l'extrémité, une petite
tête déprimée à lèvres pendantes : un chameau ! Je
l'avais d'ailleurs reconnu tout de suite à son horrible
voix. Un imbécile de chameau, rétif ou en détresse...

J'observe les mouvements de sa silhouette avec une inquiétude extrême... Allons, c'est fait, le malheur est accompli, il s'est entravé les pieds dans les cordes de ma tente, et le voilà qui se démène, qui crie plus fort, secouant toute ma toiture qui va sûrement me tomber sur la tête... Enfin j'entends le chamelier qui accourt, en faisant : « Ts! Ts! Ts! » (C'est ce qu'on leur dit, aux chameaux, pour les calmer, et ils cèdent, en général, à ce raisonnement-là.)

Encore : « Ts! Ts! Ts! » — Il s'apaise et s'éloigne. Ma tente redevient immobile, et pour quelques minutes je me rendors...

La trompette de réveil, gaie et claire ! — Le lever toujours rapide. — Le déjeuner au pain noir, au beurre de *mouna*, plein de poils roux et d'immondices, pendant que notre camp se démonte. — Puis le boute-selle, et en route!

Notre tapis de fleurs, ce matin, est d'abord de larges volubilis bleus mêlés d'anémones rouges. Puis viennent des plaines sablonneuses, où poussent encore quelques rares asphodèles, brûlés et chétifs ; des étendues jaunâtres ayant déjà un aspect saharien.

Nous approchons d'un lieu appelé Seguedla, où chaque mercredi se tient un immense marché en-

core plus couru que celui de Tlata-Baïssana, que
nous traversions avant-hier; on y vient, paraît-il,
de huit ou dix lieues à la ronde.

En effet là-bas, au milieu de ce pays toujours
sans villages, sans maisons, sans arbres, là-bas,
deux ou trois petites collines apparaissent, couvertes d'une couche de choses grisâtres, semblables
à des amas de pierres, mais qui ondulent et d'où
sort un murmure : c'est une foule innombrable et
serrée, dix mille personnes peut-être, uniformément vêtues de longues robes grises et le capuchon
baissé; une masse absolument compacte et d'une
même nuance neutre, comme seraient des cailloux
ou des ossements. Cela fait songer à ces foules primitives, composées de gens nomades à qui il est
indifférent d'être ici ou ailleurs; à ces multitudes
qui, aux déserts de Judée ou d'Arabie, suivaient
les prophètes...

Notre arrivée est signalée de loin, un mouvement
parcourt cet amas de corps humains; une rumeur
générale de curiosité s'élève; tous les points jaunâtres qui, au sommet de ces tas de laine grise,
représentent les figures, sont tournés vers nous.
Puis, dans un élan d'irrésistible curiosité, tout cela
s'ébranle, court, se déploie, se rue sur nos chevaux et nous enveloppe.

Nous n'avançons plus que difficilement, et nos Arabes d'escorte, à coups de lanière, à coups de bâton et de crosse de fusil, écartent à grand'peine cette plèbe, qui s'ouvre sur notre passage en hurlant. Nous sommes maintenant en plein marché; sous les pieds de tout ce monde, qui se range à peu près pour nous faire place, il y a une couche de chameaux agenouillés, d'ânons endormis, qui, eux, ne se dérangent pas. Il y a toutes sortes de denrées saugrenues, étalées par terre sur des morceaux de nattes; il y a une infinité de petites tentes, toutes basses, sous lesquelles on vend des aromates, du safran, du jujube, des couleurs pour teindre les laines des moutons et les ongles des dames; il y a une boucherie sinistre où s'alignent sans fin des espèces de potence de bois supportant des bêtes écorchées, des débris de toute forme fétides et noirs, des poumons, des entrailles; on vend aussi du bétail sur pied, des chevaux, des bœufs, et des esclaves, aux enchères, à la criée. On entend de tous côtés les petites sonnettes des vendeurs d'eau, qui ont leur marchandise sur les reins dans une outre poilue et qui offrent à boire à tout le monde dans un même verre pour un flouc (un septième de sou). Et des vieilles femmes presque nues promènent au bout de longs bâtons ces chiffons blancs

qui sont, au Maroc, l'enseigne des pauvresses men-
diantes.

Les caïds, responsables de nos têtes, nous recom-
mandent de marcher en groupe uni, sans nous
écarter d'une longueur de cheval. Ils ont sans doute
leurs raisons pour cela; mais cependant la curiosité autour de nous ne semble pas malveillante.
Et même, le premier tumulte apaisé, quelques
femmes ayant entonné en notre honneur le « You!
you! you! » strident des fêtes, cela prend aussitôt,
en traînée de poudre, jusque dans les lointains du
marché.

« You! you! you! » Quand nous nous éloignons,
toute la multitude grise rend un bruit d'ensemble,
aigu et persistant, qui s'adoucit dans le lointain,
comme celui que font les cigales à leurs heures de
grande exaltation sous le soleil de juillet.

Bientôt disparaissent les milliers de burnous et
de têtes humaines, derrière les ondulations de cette
sorte de plaine inégale et sablonneuse. Les solitudes
recommencent.

Le pays devient de plus en plus plat. Les hautes
montagnes, au milieu desquelles nous avions cir-
culé les premiers jours, s'éloignent derrière nous,
et nos horizons d'en avant deviennent plus monotones.

Toujours les belles fantasias qui passent en tempête sur le flanc de notre colonne, avec des cris sauvages et des fusillades, burnous et crinières envolés. On n'y prend presque plus garde, que pour se garer lorsqu'on les entend venir. Cependant elles sont de plus en plus étonnantes; il s'y mêle même à présent de la haute acrobatie; des hommes sont tout debout, les deux pieds sur leur selle, d'autres s'y tiennent sur la tête, les jambes en l'air, et ils passent ainsi, à vitesse d'éclair, comme des clowns de cirque travaillant en rase campagne; deux cavaliers se lancent l'un sur l'autre, au galop effréné, et, en se croisant, trouvent le moyen, sans se culbuter ni ralentir, d'échanger leurs fusils et de se donner un baiser. Un vieux chef à barbe grise montre avec orgueil un peloton de douze cavaliers qui chargent de front — et si beaux tous! — Ce sont ses douze fils. Il veut qu'on le dise au ministre et que tout le monde le sache.

Une rivière que nous passons à gué est la limite du territoire de Séfiann.

Nous entrons chez les Béni-Malek, dont le caïd nous attend sur l'autre rive avec deux cents cavaliers. C'est le caïd Abassi, l'un des favoris du sultan, un vieillard à tête extrêmement intelligente et rusée, dont la fille, paraît-il, épousa, à Fez, le grand vizir, en noces splendides. On a tenu à s'arrêter chez lui, à cause de sa *mouna*, qui est réputée dans tout le Maroc.

Le pays continue de s'aplanir et les montagnes de s'éloigner. Toujours du sable et des asphodèles. Nos horizons deviennent peu à peu de grandes lignes droites, unies comme la mer, et semblent de plus en plus immenses.

Vers midi, nous faisons halte, pour déjeuner, au village de ce caïd. Il ressemble à tous les autres villages marocains. Les chaumières, en terre séchée, y sont basses et recouvertes de roseaux, et entourées de haies épineuses en cactus bleuâtres. Des cigognes y ont bâti des nids sur tous les toits, et des sauterelles bruissent partout alentour.

Après avoir déjeuné sous notre tente encombrée de monstrueuses pyramides de couscouss, nous sommes invités à prendre le thé chez le caïd.

Sa maison est la seule du pays environnant qui soit bâtie en maçonnerie. Elle est entourée comme une citadelle d'une série de petits remparts très vieux, en briques garnies d'un enduit jaunâtre. En outre, de formidables haies de cactus la rendent presque inaccessible. Sur un jardin intérieur, plein d'orangers, elle ouvre par trois arcades mauresques blanchies à la chaux.

Les orangers sont tout en fleurs et le jardin est embaumé d'un parfum exquis ; il est funèbre quand même, envahi par l'herbe sauvage, avec un air d'abandon, et ainsi enfermé entre ces vieux murs, quand l'espace alentour est si vaste, si libre et si ouvert pour courir ; il tient à la fois du préau de prison et du nid de vautour.

Nous sommes reçus dans l'appartement qui donne sur ce jardin triste ; au dedans, presque rien ; de la chaux blanche sur les murailles et, par terre, des coussins et des tapis. Le pavé est de mosaïque, avec un trou profond dans le sol pour jeter le reste des tasses de thé, le reste de l'eau chaude des samovars. Et, dans la muraille du fond, il y a d'autres trous, comme des meurtrières, par lesquels des yeux de femmes enfermées nous regardent boire.

Nous remontons à cheval vers deux heures, pour continuer l'étape jusqu'au Sebou — un des plus grands fleuves du Maroc et même de l'Afrique occidentale — que nous traverserons ce soir.

En avant de nous, sur la plaine, un groupe
d'hommes, qui semblent des suppliants antiques,
traînent un petit bœuf par les cornes. Au moment
où le ministre passe, brille l'éclair d'un sabre dé-
gainé ; en deux coups habiles c'est fait : les deux
jarrets du bœuf sont coupés, et il s'affaisse dans une
mare de sang, nous regardant avec de pauvres
yeux pleins d'angoisse... Comme ces gens-là doivent lestement faire voler une tête ! — Le sacrifice
accompli, les suppliants apportent au ministre leur
requête écrite : c'est une longue et ancienne his-
toire, remontant à je ne sais combien d'années,
où entrent des rivalités de familles, des assassi-
nats mystérieux, d'indébrouillables choses. Ce sera
pour grossir le monceau des affaires compliquées
qu'il faudra régler, à Fez, avec le grand vizir.

*
* *

On n'aperçoit le Sebou que quand on en est
tout près. C'est un fleuve large comme la Seine à
Rouen, qui roule ses eaux boueuses dans un lit
très profond, entre des berges de terre grise. Il
serpente dans cette plaine infinie comme la mer.

Notre camp, qui a continué de cheminer pendant
notre halte de midi, est déjà dressé sur la rive op-

posée. Nous traversons dans deux barques, en plusieurs tours, avec grand tapage. Des caravanes arrêtées depuis deux heures par le passage de nos tentes et de nos bagages encombrent les environs ; c'est, pour le moment, un lieu très animé, très vivant.

Ce grand fleuve de Sebou établit comme une démarcation tranchée entre le Maroc d'en deçà et le Maroc d'au delà. Sitôt qu'on l'a franchi, on a l'impression de s'être séparé davantage du monde contemporain, de s'être enfoncé plus avant dans le sombre Moghreb... Nous sommes encore là chez les Beni-Malek, mais tout près de chez les Beni-Hassem — une tribu pillarde et dangereuse ; c'est, du reste, un adage connu des voyageurs marocains que, dès qu'on a franchi le Sebou, il faut se défier et faire bonne garde.

Sur cette nouvelle rive, la nature du sol et des plantes a complètement changé ; au lieu du sable et des asphodèles, nous avons maintenant, à notre grande surprise, une terre noire et grasse comme dans les plaines normandes, couverte d'une épaisse couche de colzas, de soucis et de mauves ; on enfonce jusqu'aux genoux dans tout cela, qui pousse serré, plantureusement.

C'est l'heure du coucher du soleil. La lumière est claire et froide. On dirait presque un paysage marin, tant sont droites les lignes ininterrompues des horizons. Une mer tranquille n'est pas plus unie que cette plaine sauvage, qui a bien soixante kilomètres de profondeur. D'un côté seulement, au-dessus de ce désert d'herbages, une chaîne de montagnes très éloignées dessine comme un petit feston d'un bleu cru et glacé. Les lointains sont absolument jaunes de fleurs, d'un jaune doré, tandis que le ciel au-dessus, sans un nuage, infiniment vide, est d'un jaune vert très pâle.

Et le vent toujours froid du soir se lève sur ce steppe de mauves et de soucis; il nous fait frissonner après le soleil ardent du jour; il apporte une mélancolie d'hiver dans ce lieu où nulle part à la ronde nous ne trouverions un foyer pour nous abriter.

C'est le campement le plus désagréable que nous ayons eu depuis notre départ. Sous nos tentes, ces soucis et ces mauves forment une masse haute et drue qui gêne, qui inquiète; c'est comme si on couchait au milieu d'une corbeille de parterre; on a beau piétiner dessus, cela fait mine de s'écraser, avec une odeur âcre, puis cela se relève obstinément, cela remonte, faisant bomber les tapis et les nattes. Il s'en dégage une humidité excessive. Surtout il en sort des sauterelles, des grillons, des mantes, des limaces, qui toute la nuit se promènent sur nous.

XIV

Nuit de grande rosée. L'eau ruisselle partout sous ma tente, qui est remplie d'une buée lourde et où s'est concentrée l'âcre odeur des soucis.

Jusqu'au matin, autour du camp, les veilleurs ont chanté, en lutte contre le sommeil. Au petit jour, leur voix a fait place à celle des cailles s'appelant dans les herbages.

Levé le camp à six heures. En selle à sept heures.

D'abord, nous nous avançons dans l'immense plaine, escortés de nos amis d'hier, les Beni-Malek, au nombre de deux cents. Il semble que l'air soit plus chaud sur cette rive sud du fleuve et que le pays soit plus inhospitalier encore.

Sur les infinis jaunes des colzas et des soucis

6

s'étend un ciel sombre, tourmenté, avec quelques déchirures très bleues.

Puis viennent des régions toutes blanches, des kilomètres et des kilomètres de camomilles, qu'on écrase en passant et qui imprègnent, pour tout le reste du jour, nos chevaux de leur senteur.

Après deux heures de route, nous rencontrons les cavaliers des Beni-Hassem qui nous attendent.

Des brigands en effet : à leur aspect, il n'y a pas à s'y méprendre.

Mais des brigands superbes; les plus belles figures de bronze que nous ayons encore vues, les plus belles attitudes, les plus beaux bras musculeux, les plus beaux chevaux. Des mèches de cheveux longs qui s'échappent de leurs turbans au-dessus des oreilles contribuent à donner je ne sais quoi d'in-quiétant à leurs physionomies.

Leur chef s'avance, très souriant, pour tendre la main au ministre. Nous serons en sécurité absolue sur son territoire, cela ne fait pas l'ombre d'un doute; du moment que nous serons ses hôtes, de-vant le sultan il répond de nos têtes sur la sienne. D'ailleurs il vaut toujours mieux être confié à sa garde que d'être simplement campé dans son voi-sinage : c'est un axiome bien connu au Maroc.

Il est un type remarquable de vieux bandit, ce

chef des Beni-Hassem. Sa barbe, ses cheveux, ses sourcils, d'un blanc de neige, tranchent en très clair sur le jaune de momie du reste de son visage; son profil d'aigle est d'une distinction suprême. Il monte un cheval blanc couvert d'un tapis de soie rose-fleur-de-pêcher, avec bride et harnais de soie rose, selle à fauteuil en velours rose et grands étriers niellés d'or. Il est tout de blanc vêtu, comme un saint, dans des flots de transparente mousseline. Quand il étend le bras pour donner des poignées de main, son geste découvre une double manche pagode adorable, d'abord celle de sa chemise en gaze de soie blanche, puis celle de sa robe de dessous, également en soie et d'un vieux vert céladon tout à fait exquis. En vérité on croirait voir les doigts effilés et les manchettes éteintes de quelque marquise douairière sortir des burnous de ce vieux détrousseur.

Nous apercevons plus loin la réserve de ses cavaliers, les plus beaux et les plus riches, qu'il avait laissés là-bas par habileté de mise en scène, pour nous les faire surgir en ouragan du fond de la plaine. Ils arrivent sur nous à fond de train, avec des hurlements féroces, admirables ainsi, vus de face, à travers la fumée de leur fusillade, dans leur ivresse de bruit et de vitesse. Il y a des turbans déroulés qui s'envolent, des harnais qui se rompent, des fusils qui éclatent. Et la terre s'émiette sous les sabots de leurs chevaux, on en voit sauter de tous côtés des parcelles noires qui semblent de la mitraille...

Faut-il qu'ils aient détroussé des voyageurs, pour pouvoir s'offrir un tel luxe! toutes les brides et tous les harnais sont en soie d'une couleur merveilleusement assortie à la robe du cheval et au costume du cavalier : bleu, rose, vert-d'eau, saumon, amaranthe ou jonquille. Tous les étriers sont niellés d'or. Tous les chevaux ont sur le poitrail des espèces de lambrequins très longs, en velours, magnifiquement brodés d'or, maintenus par de larges agrafes d'argent ciselé ou de pierreries. Comme nous prenons en pitié maintenant ces pauvres fantasias des premiers jours, aux environs de Tanger, qui nous avaient semblé jolies!

Son déjeuner aussi, à ce vieux chef, est sauvage, comme son territoire, comme sa tribu. Par terre, sur le tapis de fleurs jaunes, dans un lieu quelconque au milieu de la plaine infinie, il nous offre du couscouss noir, avec des moutons cuits tout entiers, servis sur de grands plats de bois. Et tandis que nous arrachons, avec nos mains, des lambeaux de chair à ces monstrueux rôtis, des sup-

pliants viennent encore égorger devant le ministre
un bélier, qui ensanglante les herbages autour de
nous.

* *

Toute l'après-midi, la plaine se déroule aussi unie
et monotone, plus aride cependant vers le soir, plus
africaine, des menthes, des jujubiers épineux rem-
plaçant les colzas et les soucis. Du ciel, complètement dégagé, tombe une lumière chaude et morne.
De loin en loin, un cadavre de cheval ou de chameau éventré par les vautours jalonne le chemin.
Et dans les rares petits villages de chaume gris,
qui sont perdus au milieu des étendues désertes,
commence à apparaître la hutte ronde et conique, la
hutte soudanienne, la hutte du Sénégal.

Nous changeons de tribu vers quatre heures,
n'ayant eu à traverser qu'une toute petite pointe du
territoire des Beni-Hassem. Nous entrons chez les
Cherarbas, qui sont des peuplades inoffensives et
entièrement dans la main du sultan. Mais notre
sécurité chez eux, sera incertaine, à cause de leurs
dangereux voisins qui ne seront plus responsables
de nous-mêmes.

Vers six heures, nous campons à un point où
bifurquent les chemins de Fez et de Mequinez, près

du vénérable tombeau de Sidi-Gueddar, qui fut un grand saint marocain.

Ce tombeau, comme tous les marabouts d'Algérie et toutes les *koubas* du Maroc, est une petite bâtisse carrée, surmontée d'un dôme rond. Il est lézardé, fendillé par le soleil,. extrêmement vieux. Le drapeau blanc flotte à côté, au bout d'un bâton, pour indiquer aux caravanes qu'il est méritoire d'y déposer quelques offrandes; une natte, que maintiennent des cailloux lourds, est étendue par terre pour les recevoir, et les pièces de monnaie jetées là par les pieux voyageurs restent à la garde des oiseaux du ciel, jusqu'à ce que les prêtres viennent les ramasser.

Avec des formes polies, on nous recommande de ne pas nous approcher trop de cette sépulture de Sidi-Gueddar : elle est tellement sainte que notre présence à nous, chrétiens, y serait sacrilège.

** **

Les montagnes qui, ce matin, dessinaient à peine des petits festons bleus tout au bout de notre horizon plat, ne sont plus maintenant qu'à huit ou dix kilomètres de nous; toute la journée, elles ont monté dans le ciel, et demain nous les franchi-

rons. Nous sommes ce soir dans une région de luzernes, fleuries avec cet excès qui est particulier
aux plantes marocaines. Dans nos environs, il y a
des villages de chaume; au crépuscule, on y entend
japper des chiens, comme dans nos campagnes, et
des petits bergers en capuchons y ramènent des
troupeaux de brebis ou de chèvres bêlantes; tout
cela prend un air d'innocence pastorale, de sécurité rassurante. De plus, le chemin de Fez passe
tout près de notre camp — si près même que les
cordes de nos tentes le traversent, et que les caravanes, qui cheminent jusqu'à la tombée de la nuit,
sont obligées de faire un détour dans les luzernes,
de peur d'entraver les pieds de leurs chameaux.
— Et ce chemin est tellement battu, par ici, et la
plaine est d'ailleurs si parfaitement unie, qu'on
dirait presque une vraie route, facile à marcher et
tentante pour une promenade. Il faut avoir vécu
quelque temps au Maroc, où la marche est partout pénible ou impossible, pour comprendre la
séduction d'une *route*, l'envie qui nous prend de
faire là une bonne course à pied, par une si belle
soirée douce...

Il faut nous en garder cependant, ce soir plus
que jamais. Il y a ordre absolu de ne pas s'écarter
du camp. Non seulement nous avons pour voisins

les Beni-Hassem, mais surtout nous ne sommes qu'à
une heure des montagnes habitées par les terribles
Zemours, fanatiques intransigeants, pillards, cou-
peurs de têtes, et, depuis plusieurs années, en rebel-
lion ouverte contre le gouvernement de Fez. Et le
sultan lui-même, lorsqu'il voyage avec son camp de
trente mille hommes, évite ce pays des Zemours.

Aux premiers rayons de la lune, après l'arrivée
grave et rituelle de la *mouna*, on double les
veilleurs autour du camp, toutes les armes chargées,
avec consigne de ne laisser approcher personne et
de chanter jusqu'au matin, en battant du tambour,
pour se tenir en éveil. Le caïd responsable paraît
nerveux, inquiet, et ne se couche pas.

XV

Vendredi 12 avril.

Toute la nuit ils ont chanté en battant du tambour, et, ce matin, sous un ciel obscurci de nuages, nous nous réveillons avec toutes nos têtes. Et même, comme complément de *mouna*, on nous apporte, au saut du lit, du lait tout frais, dans des amphores, et d'excellent beurre.

Dix lieues d'étape aujourd'hui. A peine sommes-nous en route, que la pluie commence à tomber, fine et froide. Encore une heure et demie de plaine à travers des champs d'orge et de colza, à travers des luzernes où pàissent d'innombrables troupeaux de moutons. Sous ce ciel brumeux, on dirait toujours une plantureuse Normandie, si ce n'étaient ces huttes pointues des villages et ces burnous des bergers. Les fantasias, qui continuent en notre honneur, sont

bien moins belles que chez les Beni-Hássem ; on sent
que ces honnêtes Cherarbas sont beaucoup moins
guerriers et beaucoup moins riches ; et puis on se
lasse de tout, et cela devient une fatigue, à la longue,
d'être obligé de se garer à chaque instant, quand la
pluie nous fouette les yeux, pour ces cavaliers qui
nous arrivent en sens inverse comme le vent, nous
tirent aux oreilles des coups de fusil et affolent
nos chevaux.

Laissant sur notre droite le pays dangereux des
Zemours, nous nous engageons dans ces montagnes
qu'il nous faudra franchir avant la fin de la journée.
L'ascension est pénible, sous une pluie torrentielle,
par des séries de gorges étroites et sans vue, ense-
mencées de blé ou d'orge. Suivant l'usage du Maroc,
nous piétinons sans remords toutes ces cultures ; il en
restera encore plus qu'on n'en pourra moissonner.
Sur des pentes souvent très raides, nous pataugeons
dans une terre glaise, détrempée et gluante, qui
s'amasse autour des pieds de nos chevaux et s'y
attache en patins énormes ; à chaque pas nous nous
sentons glisser ; nos mules chargées tombent les
unes après les autres, roulent avec nos tentes, nos
matelas ou nos bagages, dans des fondrières de
boue, dans des torrents improvisés qui grossissent
de tous côtés sous cette pluie de déluge.

Le caïd des Cherarbas et ses cavaliers nous ont quittés à la limite de leur territoire, et le chef de la région où nous sommes n'est pas venu à notre rencontre, ce qui est bien extraordinaire. Pour la première fois, nous voici sans escorte, seuls.

Avec les mules abattues, avec les gens embourbés dans la terre glaise, notre colonne, à la débandade, a bien une lieue de long maintenant. Et que faire? où nous arrêter? où nous remiser? où trouver un abri quelconque, dans ce pays sans maisons, sans arbres, où il n'y a pas même une hutte où l'on consentirait à nous recevoir?

En cet état, nous croisons une colonne au moins aussi nombreuse que la nôtre : d'abord des cava-liers, et, derrière eux, des chameaux portant une quantité de femmes voilées et de bagages. C'est, paraît-il, le train de voyage d'un caïd d'une pro-vince éloignée, qui revient de faire visite au sultan. Ces gens-là sont, comme nous, en détresse dans la terre grasse et glissante.

Enfin, voici le chef retardataire qui arrive au-devant de nous avec sa troupe. Il s'excuse beaucoup, il était à poursuivre trois brigands zemours très redoutés dans le pays; il les a capturés avec leurs chevaux. Ils sont maintenant ligotés en lieu sûr, dans sa maison, d'où ils seront conduits à Fez pour y être mis au *supplice du sel*, comme la loi le commande.

Tandis que nous continuons à grimper très péniblement sous la pluie, avec des glissades et des chutes, dans ces affreuses petites vallées toutes pareilles aux parois de terre grise, je me fais conter en détail ce *supplice du sel*, qui est de tradition fort ancienne.

Voici, c'est le barbier du sultan qui en est chargé. Dans un lieu public, sur la place du marché de préférence, on lui amène le coupable, garrotté solidement. Avec un rasoir, il lui taille à l'intérieur de chaque main, dans le sens de la longueur, quatre fentes jusqu'à l'os. En étendant la paume, il fait ensuite bâiller le plus possible les lèvres de ces coupures saignantes, et les remplit de sel. Puis il referme la main ainsi déchiquetée, introduit le bout de chaque doigt replié dans chacune des fentes, et, pour que cet arrangement atroce dure jusqu'à la mort, coud par-dessus le tout une sorte de gant bien serré, en peau de bœuf mouillée qui se rétrécira encore en séchant. La couture achevée, on ramène le supplicié dans son cachot, où, par exception, on lui donne à manger, pour que cela dure. Dès le premier moment, en plus de la souffrance sans nom, il a cette angoisse de se dire que ce gant horrible ne sera jamais retiré, que ses doigts engourdis dans la plaie vive n'en sortiront jamais, que personne au monde n'aura pitié de lui, que ni jour ni nuit il n'y aura trêve à ses crispations ni à ses hurlements de douleur. — Mais le plus effroyable, à ce qu'il paraît, ne survient que quelques jours plus tard, — quand les ongles, poussant au travers de la main, entrent toujours plus avant dans cette chair fendue... Alors, la fin est proche : les uns meurent du tétanos, les autres parviennent à se briser la tête contre les murs...

Je prie instamment les personnes à théories humanitaires toutes faites au coin de leur feu de ne point crier à la cruauté marocaine. D'abord je leur ferai remarquer qu'ici, au Moghreb, nous sommes encore en plein moyen âge, et Dieu sait si notre moyen âge européen avait l'imagination inventive en fait de supplices. Ensuite les Marocains, de même que tous les hommes restés primitifs, sont loin d'avoir notre degré de sensibilité nerveuse, et, comme d'ailleurs ils dédaignent absolument la mort, notre simple guillotine serait à leurs yeux un châtiment tout à fait anodin qui n'arrêterait personne. Dans un pays où les voyages sont si longs et les routes insûrement gardées, on ne peut en vouloir à ce peuple d'avoir introduit dans son

code quelque chose qui donne un peu à réfléchir
aux pirates des montagnes.

*
* *

A force de monter, nous atteignons les sommets
de cette chaîne et, dans une éclaircie entre deux
grains, la plaine d'au delà nous apparaît en profondeur sous nos pieds, bien moins grande que
celle du Sebou, mais merveilleusement fertile et
très cultivée; une sorte de cirque intérieur, bordé
là-bas de montagnes où il nous faudra camper
demain soir et qui sont beaucoup plus élevées que
celles que nous venons de gravir.

A mi-côte, sur le versant où nous allons maintenant descendre, un village est perché : une centaine de huttes de chaume avec clôtures de cactus,
groupées autour d'une vieille construction mauresque
qui est en même temps la citadelle et la demeure
du caïd. Pas plus d'arbres que précédemment, dans
cette nouvelle région ; rien que les oliviers et les
orangers d'un jardin mystérieux qu'enferment les
murs de la petite forteresse.

Ce village, naturellement, nous le voyons par
en dessus, à vol d'oiseau ; aussi la terrasse sur la
maison du chef nous fait-elle l'effet d'une place où

se promènent en ce moment des femmes voilées,
en robes blanches ou roses, qui lèvent la tête pour
nous regarder venir.

Après une descente rapide et dangereuse sur des
roches éboulées, nous nous arrêtons pour la nuit
près des murs de ce jardin, dans une espèce de
champ de foire qui sert à toutes les caravanes de
passage. L'herbe, haute et grossière, y est foulée,
salie, empestée de vermine, avec les débris des
poulets et des couscouss qu'on a mangés, et avec
de grands cercles noirs laissés par les feux des
nomades. Jamais nous n'avions eu un campement
souillé de cette manière.

Nos gens d'escorte fauchent l'herbe immonde,
avec leurs grands sabres, moins exercés sans doute
à ce métier-là qu'à couper des têtes. L'une après
l'autre, et bien après nous, arrivent nos tentes
mouillées, qu'on dresse péniblement par un vent
terrible. Séance tenante, on donne la bastonnade
aux muletiers pour avoir mal conduit leurs bêtes.
Nos provisions arrivent les dernières, sur de pauvres
mules qui sont tombées vingt fois, qui ont les
genoux tout au vif, et, vers trois heures du soir,
mourant de faim, nous déjeunons avec des choses
froides, trempées de pluie. Tous les enfants du
village, tous les petits burnous comiques, tous les

petits capuchons impayables, viennent gambader
dans nos quartiers, nous criant toutes sortes de
malédictions et d'injures. Nous demandons du bois
pour nous sécher un peu, mais il n'en existe pas
dans la région, qui est complètement dépourvue
même de branchages ; on nous apporte des bottes
de chardons secs et de sarments de vigne qui donnent de grandes flammes, de grandes fumées, et peu
de chaleur.

Campés à mi-montagne, séparés par une haie
d'aloès d'une effroyable descente à pic dans la
plaine d'en dessous, nous voyons à nos pieds l'interminable chemin de Fez, qui se continue toujours, qui traverse ces nouveaux champs d'orge,
ces nouvelles prairies, et monte se perdre dans les
lointaines montagnes d'en face. Il est de plus en
plus tracé par le piétinement constant des caravanes, il a de plus en plus l'air d'une vraie route ;
il s'anime aussi davantage à mesure que nous approchons de la ville sainte. Entre les averses, dans des
transparences extrêmes d'atmosphère, nous apercevons en bas, comme qui regarde du haut d'un
observatoire, de longs défilés de cavaliers, de piétons en burnous, de chameaux et d'ânons chargés
de marchandises ; tout cela en infiniment petit,
comme une incessante promenade de marionnettes

au fond d'un grand vide bleuâtre. C'est que Fez n'est pas seulement la capitale religieuse du Couchant, la ville de l'Islam la plus sainte après la Mecque, où viennent étudier les prêtres de tous les points de l'Afrique ; c'est aussi le centre du commerce de l'Ouest, qui communique par les ports du nord avec l'Europe, et par Tafilet et le désert avec le Soudan noir jusqu'à Tombouctou et à la Sénégambie.

Et toute cette activité n'a rien à voir avec la nôtre, s'exerce comme il y a mille ans, par des moyens qui sont tout à fait en dehors de nos moyens à nous, par des routes qui nous sont profondément inconnues.

XVI

Samedi 13 avril,

Il y a eu déluge toute la nuit, et le vent nous a à moitié arraché nos tentes. Au sortir de nos lits tout humides, nous reprenons des vêtements mouillés, des bottes pleines d'eau, et nous nous remettons en route sous un ciel uniformément voilé d'un crêpe gris.

Nous traversons cette nouvelle plaine pour nous engager ensuite dans les défilés de ces nouvelles montagnes. La pensée qu'il faudra refaire tout ce chemin en sens inverse, pour sortir de ce pays sombre, par instants oppresse un peu. Cependant nous sommes soutenus par l'espérance d'être demain soir en vue de la ville sainte, comme ces croisés ou ces pèlerins d'autrefois, auxquels on promettait, après bien des jours et des nuits de marche, qu'ils allaient enfin voir la Mecque ou Jérusalem.

Vers midi, dans la montagne, le ciel se dégage peu à peu, très vite même, se balaye, s'épure; un premier rayon de soleil nous réchauffe; puis la vraie lumière d'Afrique revient, splendide, incomparable; en une heure la transformation est faite, la terre est sèche, la voûte est toute bleue, l'air est brûlant. Et comme tout change d'aspect, sous ce radieux soleil! Nous cheminons dans des séries de vallées délicieuses, où le sol sablonneux est tapissé d'herbes fines et de fleurs. Il y a surtout des fenouils géants, dont les tiges fleuries ressemblent à des arbres jaunes, et qui sont enguirlandés de larges liserons roses pareils à ceux de nos jardins. Jaune et rose, ce sont les deux couleurs dominantes dans la zone d'Éden que nous traversons aujourd'hui; les montagnes commencent à se boiser d'oliviers sombres et leurs crêtes de basalte, qui sortent toutes nues de ces verdures, ressemblent à des tuyaux d'orgue; puis, au-dessus des cimes rapprochées, dans l'air très limpide, on en aperçoit d'autres plus lointaines et plus grandes, tout à fait gigantesques, qui sont d'un bleu de lapis.

Ni villages, ni maisons, ni cultures; rien que

des fleurs encore, et une campagne étonnamment parfumée.

Mais nous croisons toujours des quantités de gens et de bestiaux ; des bandes de piétons presque nus, portant leurs vêtements pliés sur l'épaule ; des belles dames à califourchon sur des mules, tellement voilées, même en voyage, qu'on devine à peine leurs grands yeux ; des troupeaux de moutons, des troupeaux de chèvres ; surtout des chameaux lents et graves, portant à Fez, avec un balancement de roulis, des ballots énormes.

De temps à autre nous franchissons un ruisseau d'eau vive, au bord duquel croît quelque palmier isolé.

A tous les gués, se tiennent des vieillards accroupis devant des monceaux d'oranges ; pour une petite pièce de bronze, on a le droit d'en prendre tant qu'on veut, à discrétion.

Nous arrivons vers le soir à une rivière rapide, l'Oued-M'kez, sur laquelle — invraisemblable chose — est jeté un pont !

Un pont à arceaux courts, très arrondis, ornés de faïences vertes. Le pilier du milieu est marqué du mystérieux sceau de Salomon : deux triangles entrelacés — et, de chaque côté, des tableaux en mosaïque encadrés de vert indiquent, en lettres enroulées, quel fut l'architecte de ce pont et quelles louanges les voyageurs qui passent doivent au dieu de l'Islam. Le temps, le soleil, ont donné à la maçonnerie une teinte rare, chaude, presque rose, qui s'harmonise merveilleusement avec le vert éteint des faïences de bordure. Et le site est d'ailleurs tranquille, pastoral, empreint d'une mélancolie de passé et d'abandon.

Nous avons marché pendant tout le frais matin voilé de pluie, pendant tout le brûlant midi, et maintenant c'est l'heure magique et dorée du couchant. Nous arrivons chez les Zerhanas, qui sont des montagnards cultivateurs ou bergers, et, de l'autre côté de ce pont, nous allons camper chez eux, dans une plaine d'anémones rouges, entre de hautes cimes boisées.

Déjà, notre petite ville nomade est là, étalée par terre, aux derniers rayons du soleil, sur l'herbe odorante.

L'un après l'autre, les montants de nos tentes se dressent, coiffés de leur boule de cuivre brillant; puis les grands parapluies fermés s'ouvrent, montrant leurs séries d'arabesques noires; des cordes que l'on raidit les étirent, les tendent, les fixent; on y ajoute des draperies retombantes, et c'est fait; nos maisons sont bâties, tout notre camp se retrouve debout, heureux de se sécher dans ce bon air tiède.

Et comme il est gai et charmant, notre camp français, dans l'agitation de l'arrivée, à cette heure doucement lumineuse du soir, avec sa blancheur dans ce pays vert, avec les nuances éclatantes qu'y jettent les cafetans de nos Arabes, avec toutes les hautes selles de drap rouge et tous les tapis multi-colores épars sur cette prairie d'anémones. Alen-tour, il y a une animation qui semble être la vie naïve des vieux temps passés : les fantasias qui galopent ventre à terre ; les troupeaux que des bergers demi-nus mènent boire à la rivière ; le bateau du sultan qui apparaît au loin sur les épaules de ses quarante hommes drapés de blanc ; la *mouna*, qui fait son entrée (un petit bœuf et douze moutons amenés par les cornes) ; puis un messager du grand vizir qui arrive de Fez à notre rencontre, portant au ministre un compliment de bienvenue...

Et la belle lumière d'or commence à mourir sur tout cela ; le soleil, qui va disparaître derrière les hauts sommets, allonge démesurément les ombres des cavaliers, les ombres étranges des chameaux immobiles ; il n'éclaire plus que les extrêmes pointes de nos tentes — plus que leurs boules de cuivre qui brillent encore ; — puis il s'éteint, nous plongeant tout à coup dans une pénombre bleue...

***

Au clair de lune, il est encore plus délicieux, notre petit camp français. C'est par une de ces nuits d'Afrique douce, calme, rayonnante, lumineuse, comme on n'en voit jamais dans nos pays du Nord ; après ces froids et ces pluies obstinées, on retrouve avec ivresse tout cela qu'on avait oublié. La belle pleine lune est au milieu d'un ciel clair semé d'étoiles. Nos tentes blanches, mouchetées de dessins noirs, ont un air de mystère, ainsi rangées en cercle sous la lueur bleue qui tombe de là-haut ; leurs boules de métal brillent encore confusément ; il y a çà et là des petits feux rouges allumés dans l'herbe, des petites flammes qui dansent ; alentour, des gens en longs vêtements blancs sont accroupis sur des nattes, et des sons tristes de guitares sortent de ces groupes qui vont s'endormir. Des courlis chantent, dans le grand silence extérieur, dans la sonorité de la nuit. Les montagnes voisines semblent s'être rapprochées, tant on voit nettement leurs replis, leurs rochers, leurs bois suspendus. L'air est rempli de senteurs suaves, très exotiques, et il y a sur toutes choses une tranquiliité sereine qui n'est pas exprimable...

Oh! la belle vie de plein air, la belle vie errante. Quel dommage d'arriver demain! quel dommage que cela finisse!...

XVII

De ce pays des Zerhanas il me restera toujours le souvenir de ces heures fraîches du matin
passées au bord de l'Oued M'kez, dans ce site
délicieux, sur ces tapis d'anémones rouges. Près
de notre camp, un petit bois d'oliviers très vieux
abritait des bergers et des chèvres. Sur les montagnes environnantes, parmi les roches et les broussailles, deux ou trois petits hameaux étaient per-
chés en nids d'aigles. Rien d'africain dans le
paysage, à part l'excès et la splendeur de la lumière, et encore nos campagnes atteignent-elles
quelquefois cet éclat de verdure et cette limpidité
de ciel bleu, à certains jours privilégiés du beau
mois de juin. Si bien que l'illusion venait com-

plètement d'être dans un coin sauvage de la France, et on trouvait même fort étrange de voir sur les sentiers, entre les hauts foins en fleur, passer ces fantasias affolées, ces Bédouins et ces chameaux.

XVIII

Remontés à cheval à huit heures, nous nous
engageons dans des montagnes qui, tout de suite,
changent d'aspect, deviennent très africaines cette
fois, tourmentées, déchiquetées, avec des tons
ardents, des jaunes d'ocre, des bruns dorés, des
bruns rouges. De grandes landes, chaudes et désertes, défilent lentement, tapissées de jujubiers
épineux, de broussailles maigres. Et de loin en loin,
au fond des étendues dévorées de lumière, nous
apercevons des douars de Bédouins nomades, cerclés de tentes brunes, avec des troupeaux au milieu;
sur des hauteurs solitaires que chauffe un accablant
soleil, ces petites villes sauvages dessinent des ronds
parfaits, semblent dans le lointain des cernes, des
taches d'un brun presque noir. Et l'air surchauffé

tremblote partout, miroite comme une eau dont un vent léger agiterait la surface.

*
* *

Après la halte de midi, nous traversons une vallée cultivée : des champs d'orge d'un vert d'émeraude, luisants de soleil et piqués de coquelicots rouges.

Comme nous n'avons rencontré depuis le matin que des solitudes, nous cherchons des yeux où peuvent habiter les gens qui ont ensemencé cette terre... Dans un recoin nous découvrons leur village qui semble à moitié fantastique : trois grands rochers noirs, pointus comme des flèches gothiques, sont debout à côté les uns des autres, absolument invraisemblables au milieu d'une prairie de velours vert; chacun d'eux est couronné d'un nid de cigogne; un mur en terre battue les entoure à leur base, tous trois ensemble, et, sur leurs flancs, une douzaine de petites maisonnettes lilliputiennes sont accrochées à différentes hauteurs.

Il paraît n'y avoir personne dans ce singulier village, que gardent seulement les trois cigognes, immobiles au sommet des trois rochers; aux envi-

rons, rien que le silence et l'accablement d'un midi
d'été...

*
* *

Et enfin, enfin, vers quatre heures du soir, le
vide immense s'ouvre une fois de plus devant nous:
une nouvelle mer d'herbages tout unie, une mer
verte et jaune d'orges et de fenouils en fleur ; —
la plaine de Fez ! — Au loin, le grand Atlas lui
fait une imposante ceinture de cimes toutes blanches,
tout étincelantes de neiges...

Encore deux lieues de route dans cette plaine, et
tout à coup, sortant de derrière un pan de montagne qui se recule comme un portant de décor au
théâtre, la ville sainte lentement nous apparaît...

Ce n'est d'abord qu'une ligne blanche, blanche
comme la neige de l'Atlas, que des mirages inces-
sants déforment et agitent comme une chose sans
consistance : les aqueducs, nous dit-on, les grands
aqueducs blanchis à la chaux, qui amènent l'eau
dans les jardins du sultan.

Puis, le même pan de montagne, s'écartant toujours, commence à nous découvrir de grands remparts gris, surmontés de grandes tours grises. Et
c'est une surprise pour nous de voir Fez d'une
teinte si sombre au milieu d'une plaine si verte,

quand nous nous l'étions imaginée toute blanche au milieu des sables. Elle a l'air étonnamment triste, il est vrai; mais, vue de si loin, entourée de ces fraîches cultures, on a peine à croire que c'est bien là l'impénétrable ville sainte, et notre attente en est presque déçue... Pourtant, peu à peu, on se sent impressionné par le calme des alentours; on a conscience qu'un sommeil étrange pèse sur cette ville, qui est si haute et si grande, et qui n'a à ses abords ni un chemin de fer, ni une voiture, ni une route; rien que des sentiers d'herbes où passent lentement de silencieuses caravanes...

Nous campons, pour la dernière fois, dans un lieu appelé Arjsala-Faradji, à une demi-heure des grands murs crénelés.

Nous entrerons pompeusement demain matin : toutes les musiques, les troupes, la population, y compris les femmes, ont reçu l'ordre de se porter en masse à notre rencontre.

XIX

Lundi 15 avril.

Une fois de plus, nous nous éveillons sous un ciel lourd et noir, sentant des torrents d'eau, des déluges, suspendus sur nos têtes.

Ce dernier lever, au camp, est pius agité que de coutume. L'entrée pompeuse de tout à l'heure nécessite de grands préparatifs : retirer de nos cantines nos uniformes de gala, nos dorures, nos croix, et faire astiquer par nos chasseurs d'Afrique nos armes, les harnais de nos chevaux.

« L'ordre et la marche », élaborés hier au soir sous la tente du ministre, nous sont communiqués au déjeuner ; bien entendu, nous n'irons plus à la débandade, selon notre caprice personnel, mais en bon ordre, quatre cavaliers de front sur quatre rangs, correctement alignés comme pour un défilé militaire.

*
* *

Suivant la prière qui nous en a été adressée hier au soir de la part du sultan, nous montons à cheval à dix heures précises, afin de ne pas troubler certains offices religieux du matin en arrivant trop tôt, et de ne pas non plus nuire à la grande prière de midi en arrivant trop tard.

Pour atteindre les portes de Fez, nous avons environ trois quarts d'heure de marche lente, au pas ou au petit trot de parade.

Après dix minutes de route, la ville, dont nous n'avions encore vu qu'une partie, nous apparaît tout entière. Elle est vraiment bien grande et bien solennelle derrière ses très hautes murailles noirâtres, que dépassent toutes les vieilles tours de ses mosquées. Le voile des nuages obscurs est déchiré au-dessus; il laisse voir les neiges de l'Atlas auxquelles ce ciel d'orage donne des teintes changeantes, tantôt cuivrées, tantôt livides. En avant des murs, deux ou trois cents tentes groupées font un amas de choses blanches. Et sur toute cette plaine, sur tous ces champs d'orge si verts, s'agitent des milliers et des milliers de petits points

gris, qui sont évidemment des têtes encapuchonnées, des multitudes humaines sorties pour nous
regarder venir.

Ces tentes blanches, hors de la ville, sont le camp
des *tholbas* (des étudiants), qui font en ce moment même leur grande fête annuelle dans la campagne. Mais ce mot d'*étudiant* convient mal, pour
désigner ces sobres et graves jeunes hommes ;
quand je reparlerai d'eux, je conserverai celui de
tholba qui n'est pas traduisible. (On sait que Fez
renferme la plus célèbre université musulmane ;
que deux ou trois mille élèves, venus de tous les
points de l'Afrique du Nord, y suivent les cours de
la grande mosquée de Karaouïn, un des sanctuaires
les plus saints de l'Islam.) — Ils sont en vacances
aujourd'hui, les *tholbas*, et grossissent sans doute
l'étonnante foule qui nous attend.

Jamais ciel ne fut plus tourmenté ni plus invrai-
semblablement noir, éclairé par en dessous de
lueurs plus tristes. La plaine sur laquelle cette
voûte oppressante s'étend est comme murée par
de hautes montagnes dont les sommets se perdent
dans les ténèbres du ciel. Et tout au bout de
l'horizon, en avant de nous, la vieille ville étrange
qui est le but de notre voyage découpe sa silhouette
dentelée, juste au-dessous de cette déchirure fan-

tastique par laquelle l'Atlas montre ses neiges étincelantes. Un large réseau de petits sentiers parallèles, tracés dans l'herbe par la fantaisie des chameliers, simule presque une route, et le sol est d'ailleurs si uni, qu'on peut marcher partout, en bon ordre même si l'on veut.

Nous commençons à entrer dans la foule : vêtements de laine grise, toujours, burnous gris et capuchons baissés. On nous regarde simplement et, à mesure que nous passons, on se met en marche pour nous suivre; mais les figures demeurent indifférentes, indéchiffrables; il n'est pas possible d'y démêler une expression de sympathie ou de haine. Et d'ailleurs toutes les bouches sont closes; aujourd'hui, c'est partout ce même silence de sommeil qui pèse sur ce peuple, sur ces villes, sur ce pays entier, chaque fois qu'il n'y a pas ivresse momentanée de mouvement et de bruit.

Voici maintenant la tête d'une double ligne de cavaliers, rangés jusqu'à perte de vue, jusqu'aux portes de la ville sans doute, pour nous faire la haie d'honneur. Cavaliers superbes, en tenue de fête, les costumes toujours savamment assortis aux harnachements des chevaux : sur des selles vertes, des cafetans roses; sur des selles jaunes, des cafetans violets; sur des selles orange, des cafetans bleus. Et les transparentes mousselines de laine, qui les enveloppent de leurs plis drapés, éteignent ces nuances, les harmonisent dans une uniforme pâleur de voiles, font de tous ces cavaliers des personnages presque blancs dont on n'aperçoit que par échappées les dessous magnifiques, les éclatantes couleurs.

Leur double alignement forme une sorte d'imposante avenue, large d'une trentaine de mètres, qui se prolonge en avant de nous très loin, et où nous sommes seuls, séparés de la foule, toujours grossissante à droite et à gauche dans les champs verts. Les têtes de ces cavaliers et celles de leurs chevaux sont tournées vers nous; ils restent immobiles, tandis que, derrière eux, la multitude grise s'agite immensément, dans un silence qui devient presque une gêne; elle nous suit, à mesure que nous passons, comme si nous l'attirions par quelque aimant pour la traîner après nous; aussi va-t-elle toujours s'épaississant et débordant de plus en plus dans la plaine. Comme pour notre entrée à Czar, il y a des gens à pied et des gens à cheval; d'autres qui sont trois ou quatre ensemble, jambes pendantes, sur un ânon ou sur une mule; des pères ont amené avec eux plusieurs petits accrochés à leur burnous, les uns en croupe, les autres à cali-

fourchon sur le cou de leur bête. La terre, labou-
rée et molle, amortit le bruit de tous ces pas, et
les bouches continuent d'être muettes, tandis que
les yeux nous regardent. C'est une variété très
étrange de silence, qui est pleine de piétinements
assourdis, de frôlements de manteaux, de respira-
tions innombrables. De temps en temps une ondée
de quelques secondes s'abat sur nos têtes, comme
un arrosage rapide et furtif, puis s'arrête, emportée
par une rafale; le déluge menaçant ne se décide
pas à tomber et la voûte demeure aussi noire.
Là-bas, les murailles de Fez montent de plus en
plus dans le ciel, prennent un aspect formidable
qui rappelle Damiette ou Stamboul.

Parmi ces milliers de burnous gris, pareillement
troués et salis, parmi ces milliers de figures obstinément fixées sur nous, qui nous suivent derrière
la haie de cavalerie, je remarque un homme à
barbe déjà blanche, monté sur une mule maigre,
qui est beau comme un dieu, parmi les plus beaux,
avec une distinction suprême, et deux grands yeux
de flamme. C'est un propre frère du sultan, qui est
là, en manteau râpé, pêle-mêle avec des gens du
plus bas peuple. Et, au Maroc, on trouve cela tout
naturel : les sultans, à cause du grand nombre des
épouses de leur père, ont une quantité considérable

de frères et de sœurs auxquels il n'est pas toujours possible de donner des richesses ; et d'ailleurs, pour beaucoup de ces descendants du Prophète, le grand rêve religieux suffit à remplir l'existence, et volontiers ils vivent pauvres, dédaigneux du bien-être sur la terre.

Notre haie de cavaliers blancs va cesser pour faire place à une haie entièrement rouge, d'un rouge vif qui tranche sur le gris monotone de la foule ; on dirait une longue traînée de sang, et cela se prolonge jusqu'à la porte de la ville, dont nous commençons à apercevoir l'ogive monumentale découpée dans les hauts remparts. C'est l'infanterie du sultan (qu'un ex-colonel anglais passé au service du Maroc a équipée dernièrement, hélas ! à la mode des cipayes de l'Inde). Pauvres hères, ceux-ci, recrutés Dieu sait comme, nègres pour la plupart, et ridicules sous ce costume nouveau. Leurs jambes nues sortent comme des bâtons noirs des plis écarlates de leurs pantalons à la zouave ; après ces beaux cavaliers, ils paraissent bien piètres ; regardés de près, ils donnent l'impression d'une armée de singes. Mais ils font bien, dans leur ensemble ; leurs longues lignes rouges, bordant les foules grises, ajoutent à cette énorme mise en scène une étrangeté de plus.

Dans l'avenue humaine, toujours ouverte devant nous, des personnages magnifiques, sur des chevaux lancés au galop, viennent les uns après les autres à notre rencontre, augmentant notre troupe, qui a grand'peine à se maintenir en bon ordre. Le coloris oriental de leurs costumes est atténué toujours sous les longs voiles d'un blanc crème, drapés avec une majesté et une grâce inimitables; c'est d'abord le « lieutenant de l'introducteur des ambassadeurs », tout de vert habillé sur un cheval noir harnaché de soie jaune or; puis, c'est le vieux caïd Belaïl, bouffon de la cour, vêtu de rose tendre; sa large figure de nègre, très sinistrement drôle, est surmontée d'un turban en pyramide, en poire, imitant la forme des toits du Kremlin; puis d'autres grands dignitaires accourent aussi, des ministres, des viziers. Tous portent de longs cimeterres dorés, dont la poignée est faite d'une corne de rhinocéros, et qui sont attachés en bandoulière, par des cordes et des glands de soie d'une admirable variété de nuances.

Nous allons passer devant une musique qui fait la haie, elle aussi, encadrée dans les rangs de l'infanterie écarlate. Elle est bien étrange de costume et d'aspect. Des figures nègres, et de longues robes jusqu'à terre, tombant droit, faisant ressembler ces hommes à d'immenses vieilles femmes en peignoir; leurs couleurs sont extravagantes, sans le moindre voile pour les atténuer, et rangées au contraire comme à dessein pour s'aviver encore les unes par les autres : une robe pourpre à côté d'une robe bleu de roi ; une robe orange entre une robe violet-évêque et une robe verte. Sur le fond neutre des foules environnantes, et parmi les cavaliers voilés de mousseline, ils forment le groupe le plus bizarrement éclatant que j'aie jamais vu dans aucun pays du monde.

Ils tiennent en main des instruments de cuivre brillant, tout à fait gigantesques. Et, comme nous arrivons devant eux, ils soufflent dans ces choses, dans leurs longues trompettes, dans leurs serpents, dans leurs trombones monstrueux : il en résulte tout à coup une cacophonie sauvage, presque effrayante... Pendant la première minute, on se demande si l'on va sourire... Mais non, cela frise le grotesque sans l'atteindre; elle est tellement triste, leur musique, et le ciel est si noir, le décor si grandiose, le lieu si rare — qu'on reste saisi et grave.

C'est, du reste, le signal d'une immense clameur; le charme du silence est rompu; un puissant tumulte de voix s'élève de partout; d'autres mu-

siques aussi répondent de différents côtés: les musettes glapissantes en fausset de chacal, les tambourins sourds, et les longs cris en voix traînante :
« Hou! qu'Allah rende victorieux notre sultan,
Sidi Morley-Hassan... Hou! » — Un brusque affolement ? bruit a passé dans toute cette foule encapuchonnée, qui nous suit toujours, qui toujours
court après nous...

Puis les musiques se taisent, les étranges cla-
meurs s'arrêtent; subitement le silence retombe,
nous enveloppe encore; de nouveau, nous n'enten--
dons plus que les innombrables frôlements de ces
gens qui se pressent; que leurs milliers de pas,
amortis par la terre...

Voici maintenant des bannières, de droite et de
gauche, alignées, flottant par-dessus la tête des soldats; — bannières de régiments, de corporations,
de métiers, en soie de toutes couleurs, avec des
emblèmes bizarres; plusieurs sont marquées des
deux triangles entrelacés qui forment le sceau de
Salomon.

Sur le bord de l'avenue humaine, un superbe et
colossal personnage nous attend à cheval, entouré
d'autres cavaliers qui lui font une garde d'honneur
C'est le « caïd El-Méchouar », introducteur des ambassadeurs. — Ici, une minute d'hésitation, pres-

que d'anxiété : il reste immobile, voulant évidemment que le ministre français s'arrête et fasse le premier pas vers lui; mais le ministre, soucieux de la dignité de l'ambassade, fait mine de passer fier sur son cheval blanc, sans tourner la tête, comme qui n'a rien vu. Alors le grand çaïd se résout à céder, éperonne son cheval et vient à nous: une poignée de main s'échange, et, l'incident terminé à notre satisfaction, nous continuons d'avancer vers les portes.

*
* *

Cependant, nous allons entrer. A cent mètres à peine en avant de nous, les gigantesques remparts se dressent, ayant l'air de piquer leurs rangées de créneaux pointus dans les nuages sombres du ciel. De chaque côté de la haute ogive béante par où nous allons passer, sur des talus en gradins, on croirait voir des couches amoncelées de galets blancs, — et ce sont des amas de têtes de femmes. Uniformément voilées de laine épaisse, elles se tiennent là, serrées à s'étouffer, et immobiles dans un silence de mort. D'autres sont perchées, par petits groupes, sur la crête des remparts, laissant tomber de haut sur nous des regards plongeants.

8.

Les bannières rouges, les bannières vertes, les bannières jaunes, s'agitent en l'air, sur le fond noirâtre des murailles. Une « sainte » illuminée, qui a retiré son voile, prophétise à demi voix, debout sur une pierre, les yeux égarés, le visage peint en vermillon, tenant en main un bouquet de fleurs d'oranger et de soucis. Par-dessous la grande ogive morne et grise, on aperçoit, dans un certain recul, une autre porte aussi immense, mais qui paraît toute blanche, toute fraîche, entourée de mosaïques et d'arabesques bleues et roses, — comme une porte de palais enchanté, qui serait cachée derrière le délabrement de cette formidable enceinte.

Et ce tableau d'arrivée, cette multitude silencieuse à cette entrée de ville, et ce déploiement de bannières, tout cela est du plein moyen âge, tout cela a la grandeur du xve siècle, sa rudesse et sa naïveté sombre.

Nous entrons; alors c'est l'étonnement d'arriver dans des espaces vides et des ruines.

Sans doute, tout le monde était dehors, car il n'y a presque plus personne ici sur notre passage.

Et puis, cette porte aux arabesques bleues et roses, qui avait un air féerique vue de loin, perd beaucoup à être regardée de près; elle est immense, mais elle n'est qu'une grossière imitation neuve des splendeurs anciennes. Elle donne accès dans les quartiers du sultan, qui occupent à eux seuls presque tout « Fez-Djedid » (Fez-le-Neuf) et dont nous longeons maintenant les murailles, aussi hautes, aussi farouches que les remparts de la ville. Au pied de ces enceintes du palais, un dépôt de bêtes mortes, dans un cloaque, carcasses de chevaux ou de chameaux, remplissent l'air d'une odeur de cadavre.

Nous laissons derrière nous toutes ces effroyables clôtures de sérail, vieilles et croulantes, qui pointent leurs créneaux dans le ciel et s'enferment les unes les autres comme par excès de méfiance.

Bientôt nous sommes dans les terrains déserts qui séparent Fez-le-Neuf de « Fez-Bâli » (Fez-le-Vieux) où nous devons habiter. Là, nous marchons sur de grosses pierres inégales, sur des têtes de roches, arrondies, polies par le frottement séculaire des pieds des hommes et des pattes des bêtes. Nous cheminons au milieu de fondrières, de cavernes, de cimetières vieux comme l'Islam, de monticules pierreux couverts de cactus et d'aloès, de *koubas* (qui sont des chapelles mortuaires pour les saints) surmontées de dômes et ornées d'inscriptions en mosaïques de faïences noires.

Au faîte d'un grand rocher, une de ces *koubas* se dresse, très haute et vaste presque autant qu'une mosquée ; des femmes couronnent ses vieux murs, comme des oiseaux posés sur des ruines, et nous regardent par les fentes de leurs voiles ; tous leurs yeux peints sont baissés vers nous ; au-dessus encore, à la pointe du dôme, une grande cigogne immobile, qui nous regarde aussi, complète cet échafaudage extraordinaire. Et derrière la *kouba*, deux palmiers montent tout droits, tout raides, comme des plantes en métal ; leurs bouquets de plumes jaunies, au bout de leur interminable tige, se détachant en clair sur le ciel toujours noir.

Au moment où nous passons, un *you! you! you! you!* rapide et comme furieux, tombe en notre honneur des murs de cette *kouba*, les femmes écartant toutes leurs voiles sur la bouche pour être mieux entendues. Et, comme nous levons la tête pour les voir, nos chevaux font un brusque écart... Nous croyons à quelque bête morte en travers du chemin. Mais non, devant leurs pieds, au milieu de la route, un trou béant, assez large pour y disparaître, est au ras du sol, sans le moindre rebord, donnant accès, comme une clef de voûte ouverte, dans un de ces grands souterrains appelés *silos* que l'on creuse au Maroc pour cacher du blé ou de l'orge en cas de guerre ou de famine.

Alors je comprends cette expression marocaine « tomber dans un silo », qui signifie se laisser prendre dans un piège d'où il est impossible de sortir.

Fez-le-Vieux est devant nous : mêmes murailles effrayantes, lézardées du haut en bas; mêmes créneaux ébréchés. Une triple porte ogivale, contournée, épaisse, profonde, en tout semblable comme dessin à celle de la forteresse de l'Alhambra, nous donne accès dans cette ville, infiniment vieille et infiniment sainte.

D'abord, c'est une longue rue sinistre, entre de hauts murs crevassés et noirâtres, qui ne sont égayés d'aucune fenêtre : de loin en loin seulement, des trous grillés, par où des paires d'yeux nous regardent. Puis un coin de bazar couvert, bazar sauvage, qui sent déjà le Soudan noir. Et, tout de suite après, nous nous enfonçons dans un quartier de jardins.

Là, c'est sous une autre forme, la même extrême

tristesse. A la file maintenant, à la queue leu leu, nous circulons dans un dédale de petits couloirs qui tournent perpétuellement sur eux-mêmes, si étroits que, de droite et de gauche, nos genoux en passant touchent les murs. Des vieux petits murs bas, en pisé, fendillés de soleil et garnis de lichen jaune, par-dessus lesquels passent des palmes, des branches charmantes d'orangers en fleurs. Les soldats rouges, qui veulent absolument nous escorter quand même, se font piétiner, écraser par nos chevaux, lesquels pataugent dans une boue noire, gluante comme celle de Czar-el-Kébir. Et, dans le labyrinthe de ces couloirs, il y a à peine, de loin en loin, quelques petites ouvertures, verrouillées et grillées. On ne s'explique pas très bien comment on peut pénétrer dans ces jardins mystérieux ni comment on peut en sortir.

Enfin notre guide nous arrête devant la plus vieille des portes, la plus étroite et la plus basse, percée dans le plus vieux des murs; on dirait une entrée de cabane à lapins, et même, a-t-on l'impression d'arriver chez des lapins très pauvres : c'est bien là cependant que le ministre ambassadeur et sa suite vont être logés !

(Je regrette, en vérité, d'employer si souvent le mot *vieux*, et je m'en excuse. De même, quand je décrivais du Japon, je me rappelle que le mot *petit* revenait, malgré moi, à chaque ligne. Ici c'est la vieillesse, la vieillesse croulante, la vieillesse morte, qui est l'impression dominante causée par les choses; il faudrait, une fois pour toutes, admettre que ce dont je parle est toujours passé à la patine des siècles, que les murs sont frustes, rongés de lichen, que les maisons s'émiettent et penchent, que les pierres n'ont plus d'angles.)

On éprouve quelque embarras à descendre de cheval, tant le passage est étroit. Il n'y a cependant pas de temps à perdre. En quittant la selle, tout de suite il faut se jeter dans la vieille petite porte basse, et entrer du même coup, pour n'être pas écrasé par le cavalier suivant qui arrive près derrière, poussé lui-même par tous les autres à la file. On tombe alors presque sur des baïonnettes dans un poste de soldats commandés par une espèce de vieux janissaire noir, qui aura consigne de ne plus jamais laisser sortir aucun de ses nouveaux hôtes français sans une escorte armée.

De tels abords ne sont guère souriants: mais, au Maroc, il ne faut pas s'inquiéter de l'extérieur des habitations; les entrées les plus misérables mènent quelquefois à des palais de fées.

Le poste franchi, nous arrivons dans un délicieux

jardin : de grands orangers tout blancs de fleurs y sont plantés en quinconces au-dessus d'un fouillis de rosiers, de jasmins, de citronnelles et de giro-flées. Puis une avenue dallée nous conduit à une autre porte, très basse aussi, au pied d'un haut mur, laquelle donne dans une cour d'Alhambra, tout en arcades festonnées, en arabesques, en mosaïques, avec des eaux jaillissantes dans des bassins de marbre... C'est là que l'ambassade va subir, pour commencer, les trois jours de quarantaine et de *purification* imposés toujours aux étrangers qui ont eu la faveur d'entrer à Fez ..

* *
*

Dans le désarroi de l'arrivée, je viens présenter au ministre ma requête, d'aller habiter seul, ailleurs, dans un gîte qu'un ami providentiel a bien voulu mettre à ma disposition.

Il sourit, le ministre, soupçonnant peut-être un vague projet de ne pas me *purifier*, un noir dessein d'échapper aux surveillances et de faire dès demain des promenades défendues. Mais il consent gracieusement. Et je remonte à cheval, sous la pluie qui tombe à présent fine et continue, pour aller à la recherche de mon logis particulier...

X X

. . . .

Ce même jour d'arrivée, à neuf ou dix heures du soir, dans la solitude de ma maison...

De tous les gîtes qui m'ont abrité au courant de ma vie, aucun n'a jamais été plus sinistre que celui-ci, ni d'un accès moins banal. Et jamais n'a été plus brusque ni plus complète l'impression de dépaysement, de changement de moi-même en un autre personnage d'un monde différent et d'une époque antérieure.

Autour de moi, il y a la sombre ville sainte, sur laquelle vient de descendre une nuit froide, épaissie d'une pluie d'hiver. Au coucher du soleil, Fez a fermé les portes de ses longs remparts crénelés ; puis toutes ses vieilles portes intérieures, la divisant en une infinité de quartiers qui, le soir, ne communiquent plus entre eux.

Et j'habite dans un des quartiers de Fez-Bâli (Fez-le-Vieux), ainsi nommé par opposition avec Fez-Djedid (Fez-le-Neuf), lequel Fez-le-Neuf est déjà un nid de hiboux datant de six ou huit siècles.

Ce Fez-Bâli est un dédale de rues couvertes, obscures, qui s'enchevêtrent en tous sens, entre de grandes murailles noirâtres. Et, dans toute la hauteur de ces maisons inaccessibles, presque jamais de fenêtres; des petits trous seulement, mais grillés avec soin. Quant aux portes, renfoncées sous des embrasures profondes, elles sont si basses, qu'il faut se courber en deux pour y entrer; et puis, bardées de fer toujours, avec des clous énormes, des piquants, des verrous, des serrures, et de lourds frappoirs usés par les mains; tout cela déformé, rouillé, déjeté, — millénaire.

De tant de petites rues entre-croisées, la plus étroite, je crois, et la plus noire, est la mienne. On y pénètre par une ogive basse, et il y fait presque nuit en plein jour; elle est jonchée d'immondices, de souris mortes, de chiens morts; le sol y est creusé, au milieu, en forme de ruisseau et on y enfonce jusqu'à mi-jambe dans une boue liquide. Elle a juste un mètre de largeur; lorsque deux personnages, toujours encapuchonnés ou voilés de laine blanche comme des fantômes, s'y rencontrent par hasard, ils sont obligés de se plaquer l'un et l'autre aux murailles; et lorsque je passe à cheval, les gens qui viennent en sens inverse sont forcés de reculer ou d'entrer sous des portes, car mes étriers, de droite et de gauche, raclent les maisons. Par le haut, la voie se rétrécit encore, à la façon des pièges à rats; les murs croulants se rejoignent, laissant à peine çà et là glisser entre eux une lueur pâle, comme dans le fond des puits.

Ma porte, que, dans cette obscurité, je n'ai pas pu m'habituer à franchir sans me heurter le front, donne accès dans quelque chose de moins éclairé encore que la rue : un escalier, là tout de suite, dès l'entrée; un escalier de tourelle, qui monte en s'enroulant sur lui-même. Il est si étroit que des deux côtés les épaules touchent et frottent; il est raide comme une échelle; les marches en sont pavées de mosaïques usées par les babouches arabes; les parois en sont noircies par la crasse de plusieurs générations humaines, usées par le frottement des mains, et irrégulières comme celles des cavernes. En montant, on rencontre de distance en distance des portes verrouillées donnant sur des espèces de recoins inquiétants, remplis de débris, de toiles d'araignées et de poussière.

Puis enfin, à hauteur d'un deuxième étage environ, on arrive à un couloir, coupé par deux portes ferrées, qui semble, par sa direction, s'éloigner de la rue (c'est du reste sans importance, puisqu'il n'y a pas de fenêtres, et que la rue est noire). Il est impossible de démêler le plan d'une maison de Fez; en général, elles s'enchevêtrent ensemble, se tiennent, s'enlacent. Ainsi, le rez-de-chaussée, et peut-être le premier étage de la mienne, font partie d'une maison voisine que je ne connaîtrai jamais.

Au bout du couloir, on trouve enfin la lumière et le vent froid du dehors; on arrive dans une grande pièce, aux murs nus, lézardés et crassis. Le pavé est de mosaïques, et le plafond, très haut, en bois de cèdre, sculpté d'arabesques, est coupé au milieu en un grand carré, béant sur le ciel gris; par là, tombe la pluie froide, avec continuellement le même petit bruit de ruisseau sur les faïences du parquet; par là descendait, dans le jour, une lumière triste, et par là, maintenant, descend de la nuit glacée.

Sur cette cour intérieure s'ouvrent deux hautes portes de cèdre à deux battants chacune, et se faisant face. Elles mènent à des appartements symé-

triques, très élevés de plafond, avec des murs
lézardés; l'un est le mien, et l'autre sera demain
occupé par Selem et Mohammed, mes valets.

Du reste, dans toutes les habitations marocaines,
on retrouve cette même disposition, ces mêmes
grandes portes à battant double, de chaque côté
d'une cour à ciel ouvert par où vient toute la lumière des logis. On ne ferme ces portes-là qu'après
la tombée de la nuit — car, dès qu'elles sont fermées, il fait noir dans les appartements, qui n'ont
ordinairement point de fenêtres; — de plus, comme
elles sont massives, immenses, pénibles à tirer,
dans chacun des battants est toujours ménagée une
petite sortie ogivale, qui est comme une espèce de
chattière humaine, gentiment encadrée d'arabesques. Et c'est ainsi partout, chez le sultan aussi
bien que chez le dernier de ses sujets.

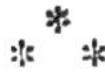

Avec une barre de fer d'un mètre de long, j'ai
verrouillé les grandes portes de ma chambre,
comme il est d'usage à la fin du jour. Puis, par
une de mes chattières festonnées, je suis ressorti,
une lanterne à la main, pour faire une ronde d'ex-
ploration dans ma maison encore peu connue.

D'abord, je suis redescendu par mon escalier de tourelle, pour barrer prudemment l'entrée basse qui communique avec la rue; puis, passant aux étages supérieurs, j'ai été effrayé de mes découvertes : d'autres petits couloirs, d'autres pièces délabrées, de forme irrégulière, encombrées de débris, de planches, de vieilles selles, de bâts pour les mulets, de poules mortes et de poules vivantes!...

C'est une situation tout à fait rare pour un Européen, d'habiter ainsi une maison particulière dans la sainte ville de Fez. D'abord, on n'y vient qu'en ambassade, et, dans ces cas-là, on est toujours caserné tous ensemble dans un palais désigné par le sultan, d'où il n'est permis de sortir qu'avec une escorte de soldats. En admettant qu'un « Nazaréen » (comme les Arabes nous appellent) soit parvenu à s'aventurer seul jusqu'ici, il risquerait fort de mourir de faim dans la rue; car, à aucun prix, un musulman ne consentirait à lui louer le moindre gîte ni à lui préparer la moindre nourriture. Mais voici, il y a à Fez une mission française permanente: trois officiers pour l'instruction des troupes, et un médecin militaire, le docteur L*** (dont j'aurai, sans doute, l'occasion de reparler souvent). Avec l'ex-colonel anglais, déjà mentionné, et un officier italien qui dirige une fabrique d'armes, ils composent toute la colonie européenne de la ville. Sous la haute protection du sultan, ils ne sont point inquiétés et peuvent, en observant quelques précautions, sortir à peu près librement dans les rues. Par ordre impérial, les caïds chefs de quartiers ont obligé les habitants, qui rechignaient, à leur louer à chacun une maison ; or, le docteur L*** se trouve en ce moment en avoir deux, à la suite de je ne sais quelles circonstances ; il m'en a offert une ; et c'est grâce à lui que je vais vivre à Fez dans des conditions de liberté très exceptionnelles.

Et maintenant, barricadé définitivement pour la nuit, mes deux chattières fermées, je suis seul dans ma chambre, ayant froid malgré mon burnous ; j'entends la pluie qui tombe, les gouttières qui suintent, le vent qui souffle comme en hiver, — et, de temps à autre, m'arrivant de quelque mosquée, un chant religieux dans le lointain... Bien délabrée et bien triste, ma grande chambre, avec ses murs nus, fendillés du haut en bas, blanchis à la chaux il y a quelques siècles et garnis à présent de dentelles grises en toiles d'araignées.

Dans deux des angles, des petites portes sournoises mènent à des soupentes profondes. Le parquet, en mosaïques de faïence comme partout, sera peut-être demain la seule jolie chose de mon logis, quand je l'aurai fait laver et dégager de son épaisse couche de poussière.

Tout mon mobilier se compose d'un grand tapis de R'bat aux dessins anciens, aux couleurs éteintes; d'un matelas de camp posé sur ce tapis et drapé d'une couverture marocaine; d'une petite table et d'un haut chandelier de cuivre. Mes vêtements sont déjà arabes de la tête aux pieds. Et des cafetans, des burnous, qu'un juif est venu me vendre ce soir, sont accrochés à des clous, tout prêts pour les promenades défendues de demain. Il n'y a d'européen autour de moi que ma plume qui court et le papier blanc sur lequel j'écris. — Les *tholbas* pauvres, qui suivent les cours de Karaouïn, doivent, chez eux, être équipés dans ce genre-là...

Je repasse en moi-même la série de circonstances rapides qui m'ont amené, comme par un fil conducteur tendu d'avance, dans cette maison étrange. D'abord mon brusque départ imprévu pour le Maroc. Puis ces douze jours de route à cheval, pendant lesquels un peu de France me suivait encore : de gais compagnons de voyage avec lesquels on se réunissait pour les repas sous la tente, causant des choses du présent siècle, oubliant

presque ensemble le pays sombre où l'on s'enfon-
çait. Puis notre entrée extravagante de ce matin
dans Fez, au son des tambourins et des musettes.
Puis, subitement, ma séparation du reste de l'ambassade; mon arrivée sous la pluie dans ce gîte
en ruine, et ma solitude absolue de toute l'après-
midi.

Ç'a toujours été mon amusement préféré et ma
grande ressource contre la monotonie de vivre, ces
dépaysements complets, ces transformations. — Et
ce soir, je cherche à m'amuser de ce costume arabe,
de cette pensée surtout que j'habite en pleine ville
sainte, dans une inaccessible maisonnette... Eh bien,
non, la dominante, malgré moi, est une tristesse
immense que je n'attendais pas; un regret pour le
foyer de France; un regret presque enfantin, me
gâtant le charme de cette étrangeté nouvelle; le
sentiment du suaire de l'Islam tombé sur moi de
tous côtés, m'enveloppant de ses vieux plis lourds,
sans un coin soulevé pour respirer l'air d'ailleurs,
et beaucoup plus oppressant à porter que je ne
l'aurais cru... Peut-être aussi la faute en est-elle à
l'aspect mort de ce logis, à ces gouttières qui suintent du plafond avec un petit bruissement si désolé,
et à ces voix qui psalmodient en mineur, du haut
des minarets, la nuit... Mais vraiment cela étouffe,

les premiers jours, de sentir autour dé soi le labyrinthe de ces petites rues trop étroites, et la présence de tous ces gens, dédaigneux ou hostiles, qui
ne vous tolèrent dans leur ville que par contrainte
et qui volontiers vous laisseraient comme un chien
mourir par terre ; et toutes ces portes de quartiers
solidement fermées ; — et, fermées aussi, les portes
des grands remparts emprisonnant le tout ; — et,
au delà, l'obscurité des campagnes sauvages, qui
sont plus inhospitalières encore que la ville, qui
sont sans routes pour fuir, et où habitent des tribus
qui coupent les têtes...

XXI

La première nuit passée dans cette maison a été assez lugubre. Constamment ces mêmes bruits : le vent, la pluie, les lointaines prières.

Vers deux heures du matin, les vieilles portes de mes escaliers et de mes couloirs étaient tellement secouées, avec de tels bruits de ferraille, que je me suis cru envahi. — Alors j'ai fait une ronde générale, ma lanterne à la main. — Mais non, personne ; rien que du vent, des rafales, et les verrous toujours en place.

Et je ne me suis plus réveillé ensuite qu'en voyant filtrer le jour par les fentes de mes grandes portes de cèdre. Pieds nus, sur le tapis qui couvre mon pavé de faïence, je suis allé d'abord ouvrir une de mes petites chattières ogivales et j'ai regardé le ciel,

par l'ouverture béante de mon toit : obstinément ce
même ciel d'hiver, d'où continuait de tomber une
pluie lente et fine ; un vent froid, comme dans les
climats du Nord, m'arrivait au visage. Et l'antiquité,
la désolation, le délabrement de ma maison, m'apparaissaient plus extrêmes encore, sous cette lueur
à la fois terne et claire, impitoyable, qui descendait
d'en haut avec la pluie. Par terre, les mosaïques de
faïence, mouillées, lavées, avaient seules de fraîches
couleurs.

*
* *

. . . .

La matinée se passe à des essais de costumes
habillés. — Un certain Edriss, musulman d'Algérie
émigré au Maroc, que le docteur L*** m'a procuré
comme guide, m'apporte à choisir des cafetans de
drap rose, aurore, capucine, ou bleu nuit ; puis des
ceintures, des turbans, de grosses cordelières en
soie pour tenir le poignard et pour attacher l'aumô-
nière dans laquelle tout vrai croyant doit porter,
suspendu au cou, un petit commentaire manuscrit
des saints livres ; et enfin de longs voiles de transparente laine blanche pour envelopper le tout et en
atténuer les couleurs.

Il m'indique ensuite la très difficile manière élégante de se draper dans ces voiles-là, qui font deux ou trois fois le tour du corps, prenant les bras, la tête, les reins, et à l'arrangement desquels la toilette entière est subordonnée.

Toute fantaisie de déguisement mise de côté, il est certain que le costume arabe est indispensable à Fez, pour circuler en liberté et voir d'un peu près les gens et les choses.

*\
* *

Trois heures de l'après-midi.

On frappe à ma porte. — Je sais qui c'est, et je descends ouvrir, dans des vêtements d'Arabe très simples, en laine blanche un peu défraîchie, comme on en voit à tous les passants dans les rues. Je trouve en bas trois mules arrêtées, la tête dirigée du côté par où il faudra partir, à cause de l'impossibilité de tourner entre ces hautes murailles qui se touchent presque. L'une des trois mules est tenue en main par un palefrenier, et, bien que ce soit jour de *purification* et de retraite, je m'y installe sur une selle à fauteuil en drap rouge. Les deux autres sont montées par des personnages enveloppés de

longs burnous, dont l'un est Edriss, et l'autre, en tout
semblable aujourd'hui à un vrai Bédouin, est le capitaine H. de V***, l'un des membres de l'ambassade,
qui ne se purifie pas aujourd'hui, lui non plus ; du
reste, mon compagnon habituel de promenade, que
tout ce pays impressionne de la même manière que
moi-même. Nous partons tous trois sans rien nous
dire, comme pour un but convenu. La pluie fine
tombe toujours du ciel bas et brumeux.

Longtemps nous marchons, à la file, sous cette
pluie obstinée qui rend plus lugubre le labyrinthe
des petites rues obscures. Le plus souvent, nous
avons de l'eau ou de la boue liquide jusqu'aux
genoux de nos bêtes, qui glissent sur des pierres,
s'enfoncent dans des trous, manquent vingt fois de
s'abattre.

Souvent il faut se plier en deux, sous des
voûtes si basses que l'on risque de s'y rompre la
tête. A chaque instant il faut s'arrêter, se garer
dans une porte ou reculer jusqu'à un tournant, pour
laisser passer d'autres mules chargées, ou bien des
chevaux, des ânons.

Nous traversons des bazars couverts, où il fait
perpétuellement une espèce de demi-crépuscule ;
là, nous sommes frôlés par toute sorte de gens et
d'objets ; nous écrasons des passants contre des

maisons, et toujours nous raclons avec nos étriers les vieilles murailles.

Enfin nous sommes au but de notre course : une grande cour de mauvais aspect, vieille, caduque, comme tout ce qui est Fez, et entourée de porches massifs qui la font ressembler à un préau de prison : c'est le marché aux esclaves — que les chrétiens ne doivent pas voir.

Il est vide aujourd'hui, ce marché ; nous avions été mal renseignés ; sans doute il n'y a pas eu d'arrivages du Soudan, car on ne vendra personne, nous dit-on, d'ici deux ou trois jours.

A la suite d'Edriss, nous continuons donc notre route, toujours sans parler, dans l'enchevêtrement des rues, qui nous font l'effet de se rétrécir et de s'assombrir encore davantage.

Et voici un grand murmure de voix qui nous arrive, de voix priant et psalmodiant ensemble, sur un rythme toujours égal, avec un recueillement immense. En même temps, dans le dédale noir, apparaît une clarté blanche; elle sort d'une grande porte ogivale, devant laquelle Edriss, notre guide, qui a beaucoup ralenti sa marche, se retourne pour nous regarder. Nous l'interrogeons d'un signe imperceptible : « C'est *cela*, n'est-ce pas ? » De la même manière, par un clignement d'yeux, il répond : « Oui. » Et nous passons le plus lentement possible pour mieux voir.

Cela, c'est Karaouïn, la mosquée sainte, la Mecque de tout le Moghreb, où, depuis une dizaine de siècles, se prêche la guerre aux infidèles, et d'où partent tous les ans ces docteurs farouches, qui se répandent dans le Maroc, en Algérie, à Tunis, en Égypte, et jusqu'au fond du Sahara et du noir Soudan. Ses voûtes retentissent nuit et jour, perpétuellement, de ce même bruit confus de chants et de prières; elle peut contenir vingt mille personnes, elle est profonde comme une ville. Depuis des siècles on y entasse des richesses de toutes sortes, et il s'y passe des choses absolument mystérieuses. Par la grande porte ogivale, nous apercevons des lointains indéfinis de colonnes et d'arcades, d'une forme exquise, fouillées, sculptées, festonnées avec l'art merveilleux des Arabes. Des milliers de lanternes, des girandoles, descendent des voûtes, et tout est d'une neigeuse blancheur, qui répand un rayonnement jusque dans la pénombre des longs couloirs. Un peuple de fidèles en burnous est prosterné par terre, sur les pavés de mosaïques aux fraîches couleurs, et le murmure des chants religieux s'échappe de là, continu et monotone comme le bruit de la mer...

Pour ne pas nous trahir, un jour de quarantaine obligatoire, nous n'osons pas nous parler, ni nous arrêter, ni même regarder trop longuement.

Mais nous allons faire le tour de la très grande mosquée, qui a bien vingt portes, et nous l'apercevrons encore sous d'autres aspects.

On la contourne dans l'obscurité, par une sorte d'étroit chemin de ronde, en enfonçant dans la boue, les immondices, les pourritures. Extérieurement on n'en voit rien, que de hautes murailles noires, dégradées, croulantes, contre lesquelles s'appuient les maisons centenaires d'alentour.

Avec un vague recueillement, nous relentissons notre marche, chaque fois que nous passons devant une de ces portes : alors le sanctuaire nous envoie un instant sa lueur blanche et son bruit de voix pieuses. Il est tellement grand que nous ne parvenons pas bien à en démêler le plan d'ensemble; ses arcades sont variées à l'infini, les unes sveltes, élancées, découpées en festons inconnus, dentelées en grappes de stalactites; les autres ayant forme de trèfles à plusieurs feuilles, de cintres allongés, d'ogives.

Et toujours, par terre, sur les mosaïques, la foule des burnous prosternés, murmurant les éternelles prières...

Sans doute, nous reverrons souvent Karaouïn pendant notre séjour à Fez, mais je ne crois pas que nous en ayons jamais une impression plus profonde qu'après ce premier coup d'œil, jeté furti vement un jour où c'était défendu...

XXII

Mercredi 27 avril.

Présentation au sultan, le matin (on nous a fait grâce d'un jour de quarantaine).

A huit heures et demie nous sommes tous réunis, en grande tenue, dans la cour mauresque de la maison qu'habitent notre ministre et sa suite.

Arrive le *caïd introducteur des ambassadeurs*, un mulâtre colossal, à cou de taureau, qui tient en main une énorme trique de mauvais aloi (on choisit toujours pour remplir ces fonctions-là un des hommes les plus gigantesques de l'empire).

Quatre personnages en longs vêtements blancs entrent à sa suite, et restent immobiles derrière lui, armés de triques semblables à la sienne, qu'ils tiennent, comme les tambours-majors leur canne, à toute longueur de bras. Ces gens sont simplement pour écarter la foule sur notre passage.

Quand il est temps de nous mettre en selle, nous traversons le jardin d'orangers, sur lequel tombe toujours la même petite pluie d'hiver inséparable de notre voyage, et nous nous dirigeons vers la porte basse qui donne sur la rue; là, on nous amène, un par un, nos chevaux qui sont incapables de se retourner ni de passer deux de front, tant cette rue est étroite. Et nous montons au hasard des bêtes qui se présentent, en hâte et sans ordre.

Il y a assez loin d'ici le palais. Il nous faut traverser ces mêmes quartiers que nous avions pris avant-hier pour venir. En avant de nous, les bâtons s'abattent, deçà et delà, sur les groupes qui gênent, et nous sommes entourés d'une haie de soldats affolés, tout de rouge vêtus, qui sont constamment sous nos chevaux, et dont les baïonnettes, arrivant juste à hauteur de nos yeux, sont une menace permanente, dans les tournants brusques ou les cohues.

Comme le jour de notre entrée, nous traversons les terrains vides qui séparent Fez-le-Vieux de Fez-le-Neuf, les rochers, les aloès, les grottes, les tombes, les ruines, et les tas de bêtes pourries au-dessus desquels des oiseaux tournoient.

Et, enfin, nous arrivons devant la première
enceinte du palais et, par une grande porte ogivale,
nous entrons dans la cour des ambassadeurs.

Cette cour est tellement immense que je ne
connais pas de ville au monde qui en possède
une de dimensions pareilles. Elle est entourée de
ces hautes et effroyables murailles à créneaux
pointus, flanquées de lourds bastions carrés —
comme sont les remparts de Stamboul, de Damiette
ou d'Aigues-Mortes — avec quelque chose de plus
délabré encore, de plus inquiétant, de plus sinistre ;
l'herbe sauvage pousse sur cette place et, au milieu,
il y a un marais où des grenouilles chantent. Le
ciel est tourmenté et noir ; des nuées d'oiseaux
s'échappent des tours crénelées et tourbillonnent
dans l'air.

La place semble vide, malgré les milliers
d'hommes qui y sont rangés, sur les quatre faces.
au pied des vieux murs. Ce sont les mêmes per·
sonnages toujours, et les mêmes couleurs : d'un
côté, une multitude blanche, en burnous et en
capuchons ; de l'autre, une multitude rouge, les
troupes du sultan, ayant avec eux leurs musiciens
en longues robes orangées, vertes, violettes, capucine ou jaune d'or. La partie centrale de l'immense
cour dans laquelle nous nous avançons reste com-

plètement déserte. Et toute cette foule semble lilli-
putienne, à si grande distance, tassée aux pieds de
ces écrasantes murailles crénelées.

Par un de ses bastions d'angle, ce lieu communique avec les enceintes du palais. Ce bastion,
moins dégradé que les autres, recrépi de chaux
blanche, a deux délicieuses grandes portes ogivales
entourées d'arabesques bleues et roses; et c'est par
un de ces arceaux que le souverain va paraître.

On nous prie de mettre pied à terre; car nul
n'a le droit de rester à cheval devant le chef des
croyants, — et on emmène nos bêtes. Nous voici
démontés, sur l'herbe mouillée, sur la boue.

Un mouvement se fait dans les troupes : soldats
rouges et musiciens multicolores viennent, sur deux
rangs, former une large avenue, depuis le centre
de la cour où l'on nous a placés, jusqu'à ce bastion là-bas, par où le sultan doit venir, et nous
regardons tous la porte entourée d'arabesques,
attendant l'apparition très sainte.

Elle est bien encore à deux cents mètres de nous
cette porte, tant la cour est immense, et d'abord,
nous arrivent par là de grands dignitaires, des
vizirs : longues barbes blanchissantes et visages
sombres; à pied tous, aujourd'hui, comme nous-
mêmes, et marchant à pas lents dans les blancheurs

de leurs voiles et de leurs burnous qui flottent. Nous connaissons déjà presque tous ces personnages, que nous avons vus avant-hier, à notre arrivée, mais plus fiers, ce jour-là, montés sur leurs beaux chevaux. — Arrive aussi le caïd Belaïl, bouffon noir de la cour, la tête toujours surmontée de son invraisemblable turban en forme de dôme; il s'avance seul, dégingandé et dandinant, l'allure inquiétante, appuyé sur une énorme trique-assommoir; — je ne sais quoi de sinistre et de moqueur est dans toute sa personne, qui semble avoir conscience de sa faveur extrême.

La pluie reste menaçante; des nuages de tempête, chassés par un grand vent, courent dans le ciel avec les nuées d'oiseaux, laissant voir par places un peu de ce bleu intense qui indique seul le pays de lumière où nous sommes. Les murailles, les tours, sont hérissées partout de leurs créneaux pointus, qui font en l'air comme des rangées de peignes aux dents méchantes; elles paraissent gigantesques, nous enfermant de tous côtés comme dans une citadelle aux dimensions excessives, fantastiques; le temps leur a donné une couleur gris doré très extraordinaire; elles sont lézardées, déchiquetées, branlantes; elles produisent sur l'esprit l'impression d'une antiquité tout à fait perdue dans la nuit. Deux ou trois cigognes, perchées entre des créneaux sur des pointes, regardent en bas cette foule; et une mule, grimpée je ne sais comment sur une des tours, avec sa selle à fauteuil en drap rouge, regarde aussi.

Par cette porte, entourée d'arabesques bleues et roses, sur laquelle notre attention est de plus en plus concentrée, arrivent maintenant une cinquantaine de petits nègres, esclaves, en robe rouge avec surplis de mousseline, comme des enfants de chœur. Ils marchent lourdement, tassés en troupeau de moutons.

Puis six magnifiques chevaux blancs, tout sellés et harnachés de soie, que l'on tient en main et qui se cabrent.

Puis un carrosse doré, d'un style Louis XV — imprévu dans cette mise en scène, et mièvre, et ridicule au milieu de toute cette rudesse grandiose — (d'ailleurs l'unique voiture existant à Fez, offerte au sultan par la reine Victoria).

Encore quelques minutes d'attente et de silence. Et, tout à coup, un frémissement de religieuse crainte parcourt la haie des soldats. La musique, avec ses grands cuivres et ses tambourins, entonne quelque chose d'assourdissant et de lugubre. Les cinquante petits esclaves noirs se mettent à courir, à courir, pris d'un affolement subit, se déploient en éventail comme un vol d'oiseaux, comme une grappe d'abeilles qui essaiment. Et là-bas, dans la pénombre de l'ogive, que nous regardons toujours, sur un cheval blanc superbe que tiennent quatre esclaves, se dessine une haute momie blanche à figure brune, toute voilée de mousseline; on porte au-dessus de sa tête un parasol rouge de forme antique, comme devait être celui de la reine de Saba, et deux géants nègres, l'un en robe rose, l'autre en robe bleue, agitent des chasse-mouches autour de son visage.

Et tandis que l'étrange cavalier s'avance vers nous, presque informe, mais imposant quand même, sous l'amas de ses voiles neigeux, la musique, comme exaspérée, gémit de plus en plus fort, sur des notes plus stridentes; entonné un hymne religieux lent et désolé, qu'accompagnent à contre-temps d'effroyables coups de tambour. Le cheval de la momie gambade avec rage, maintenu à grand'peine par les esclaves noirs. Et nos nerfs reçoivent je ne sais quelle impression angoissante de cette musique si lugubre et si inconnue.

Enfin voici, arrêté là tout près de nous, ce dernier fils authentique de Mahomet, bâtardé de sang nubien. Son costume, en mousseline de laine fine comme un nuage, est d'une blancheur immaculée.

Son cheval aussi est tout blanc; ses grands étriers sont d'or; sa selle et son harnais de soie sont d'un vert d'eau très pâle, brodés légèrement de plus pâle or vert. Les esclaves qui tiennent le cheval, celui qui porte le grand parasol rouge, et les deux — le rose et le bleu — qui agitent des serviettes blanches pour chasser autour du souverain des mouches imaginaires, sont des nègres herculéens, qui sourient farouchement; déjà vieux tous, leurs barbes grises ou blanches tranchant sur le noir de leurs joues. Et ce cérémonial d'un autre âge s'harmonise avec cette musique gémissante, cadre, on ne peut mieux avec ces immenses murailles d'alentour, qui dressent dans l'air leurs créneaux délabrés...

Cet homme, qu'on a amené devant nous dans un tel apparat, est le dernier représentant fidèle d'une religion, d'une civilisation en train de mourir. Il est la personnification même du vieil Islam; — car on sait que les musulmans purs considèrent le sultan de Stamboul comme un usurpateur presque sacrilège et tournent leurs yeux et leurs prières vers le Moghreb, où réside pour eux le vrai successeur du Prophète.

A quoi bon une ambassade à un tel souverain, qui reste, comme son peuple, immobilisé dans les vieux rêves humains presque disparus de la terre? Nous sommes absolument incapables de nous entendre; la distance entre nous est à peu près celle qui nous séparerait d'un calife de Cordoue ou de Bagdad ressuscité après mille ans de sommeil. Qu'est-ce que nous lui voulons, et pourquoi l'avons-nous fait sortir de son impénétrable palais?...

Sa figure brune, parcheminée, qu'encadrent les mousselines blanches, a des traits réguliers et nobles; des yeux morts, dont on voit paraître le blanc, en dessous de la prunelle à demi cachée par la paupière; son expression est une mélancolie excessive, une suprême lassitude, un suprême ennui. Il a l'air doux, et il l'est réellement au dire de ceux qui l'approchent. (Au dire des gens de Fez, il l'est même trop: il ne fait pas voler assez de têtes pour la sainte cause de l'Islam.) Mais c'est sans doute une douceur relative, comme on l'entendait chez nous au moyen âge, une douceur qui ne se sensibilise pas outre mesure devant du sang répandu, quand cela est nécessaire, ni devant une rangée de têtes humaines accrochées en guirlande au-dessus des belles ogives, à l'entrée d'un palais. Certes, il n'est pas cruel; avec ce regard doucement triste, il ne peut pas l'être; comme son pouvoir divin lui en donne le droit, il châtie quelquefois durement, mais on dit qu'il aime encore mieux faire grâce. Il est prêtre et guerrier; et il est l'un et l'autre à l'excès; pénétré de sa mission céleste autant qu'un prophète, chaste au milieu de son sérail, fidèle aux plus pénibles observances religieuses et très fanatique par hérédité, il cherche à copier Mahomet le plus possible; on lit d'ailleurs tout cela dans ses yeux, sur son beau visage, et dans son attitude majestueusement droite. Il est quelqu'un que nous ne pouvons plus, à notre époque, ni comprendre, ni juger; mais il est assurément quelqu'un de grand, qui impose...

Et là, devant nous, gens d'un autre monde rapprochés de lui pour quelques minutes, il a je ne sais quoi d'étonné et de presque timide qui donne à sa personne un charme singulier, tout à fait inattendu.

*
* *

Le ministre présente au sultan, dans un sac de velours brodé d'or, ses lettres de créance, que prend en main l'un des chasseurs de mouches. Puis s'échangent les brefs discours d'usage : celui du ministre d'abord; ensuite la réponse du sultan, affirmant son amitié pour la France, d'une voix

basse, fatiguée, condescendante, très distinguée.
Puis nos présentations individuelles, nos saluts,
auxquels le souverain répond par un signe de
tête courtois — et c'est fini : le chef des croyants
s'est assez montré pour des Nazaréens que nous
sommes. Les esclaves noirs font tourner bride au
beau cheval harnaché de soie; la momie chérifienne
nous apparaît vue de dos, semblable à un grand fantôme, dans de vaporeux linceuls. La musique, qui
s'était apaisée en sourdine pendant les discours,
reprend un crescendo funèbre; un autre orchestre,
de musettes et de tambourins, glapit en même temps
sur des notes plus stridentes encore; le canon
commence à tonner tout près de nous, affolant les
chevaux; celui du sultan se cabre et rue, essayant
de secouer sa momie neigeuse, qui reste impassible;
— tous les autres, les six belles bêtes blanches
qu'on tenait en main, s'échappent en bonds furieux;
celui du carrosse doré se mâte tout debout sur ses
pieds de derrière; les cinquante enfants noirs reprennent leur course échevelée absolument folle
(ce qui est une chose d'étiquette chaque fois que le
maître est en marche).

Et pendant le crescendo exaspéré de ces musiques, tandis que le canon continue son grand fracas sourd, — le cortège du calife s'éloigne de nous

10.

rapidement, comme une apparition qui serait chas-
sée par un excès de mouvement et de bruit ; il s'engouffre là-bas, dans l'ombre de l'ogive bordée d'arabesques bleues et roses. — Nous apercevons une
dernière ruade du beau cheval essayant toujours de
secouer son impassible cavalier blanc ; puis tout
disparaît, y compris le parasol rouge et les cinquante
enfants de chœur qui se sont jetés sous cette porte
comme un flot. — Une averse commence à tomber
et nous courons à présent sur les hautes herbes
mouillées, à la recherche de nos chevaux, au milieu
de la débandade subite des soldats nègres habillés
de rouge, de toute la pitoyable armée de singes. Un
désarroi et un vacarme étranges succèdent au recueillement de tout à l'heure dans le gigantesque
carré des murailles et des tours en ruines...

Enfin nous sommes remontés à cheval, pour aller,
comme il est d'usage après chaque réception d'ambassade par le sultan, visiter les jardins du palais
avec les vizirs.

Nous franchissons d'autres enceintes crénelées
effroyablement hautes, d'autres vieilles portes ogivales aux battants bardés de fer, d'autres cours

murées, où le sol est coupé de cloaques et de fondrières. Tout cela est vieux extraordinairement, tout cela est en ruines, imposant toujours et sinistre. — La plus solennelle de ces cours est un carré allongé de deux ou trois cents mètres, entre des murailles crénelées d'au moins cinquante pieds de haut. Aux deux bouts de cette cour s'ouvrent symétriquement de grandes portes, recrépies de chaux blanche ainsi que toutes les entrées du palais, et encadrées toujours d'arabesques bleues et roses, de mosaïques de faïence. Et chacune de ces portes est flanquée de quatre énormes tours crénelées, auxquelles on a laissé, comme aux remparts, la couleur sombre des siècles, et qui s'étagent en gradins, les tours extrêmes montant beaucoup plus haut que celles du centre. Rien ne peut rendre l'aspect farouche de ce lieu, ni l'effroi, ni la monotonie triste de ces murailles si hautes, de tous ces créneaux découpés sur le ciel.

Ensuite nous cheminons entre deux rangs de grands murs gris, encore inachevés, dans une sorte de couloir que le sultan fait construire, et élever beaucoup, pour que ses femmes puissent aller dans les jardins sans être aperçues de nulle part, ni des terrasses, ni des montagnes d'alentour. Nous entendons là une sorte de chœur religieux avec, de temps à autre, quelque chose comme un coup assourdi frappé sur plusieurs tambours à la fois. On dirait un service funèbre célébré dans quelque mosquée ; — mais ce sont tout simplement des ouvriers qui travaillent, alignés au faîte d'un mur en terre battue.

Ils chantent, en adagio mineur, une complainte lamentable, et, à la fin de chaque mesure, qui dure bien quinze secondes, frappent un coup sur leur bâtisse, pour durcir leur pisé, avec un de ces lourds pilons de bois qu'on appelle des « demoiselles » ; c'est tout leur travail, qui durera de cette manière jusqu'à ce soir.

Ils nous regardent venir, et nous aussi, nous les regardons, amusés et ébahis. Cela fait l'effet d'une gageure, d'une moquerie ; mais nullement, ces gens-là sont sérieux. Il paraît même que chaque fois qu'on travaille à la journée pour le sultan, on y met cette solennité lente.

Ayant franchi l'enceinte qu'ils construisent, nous nous retournons, poursuivis par leur cantique traînant, pour les regarder encore, et nous pensions cette fois les voir de dos. Mais, par un mouvement d'ensemble comique, ils se sont tous retournés, eux aussi, afin de nous suivre des yeux, et ils continuent de travailler à la même cadence, avec la même invraisemblable lenteur...

Une dernière porte, et nous entrons dans les jardins du sultan. Des vergers plutôt, de grands vergers à l'abandon, enfermés entre des murailles en
ruine. Mais des vergers d'orangers, qui sont exquis
dans leur tristesse et embaumés de la plus suave
odeur. Les avenues sont recouvertes de berceaux de
vigne et pavées de marbre blanc, de bien antiques
dalles usées et verdies. Les arbres, très âgés, portent
en même temps leurs fruits dorés et leurs fleurs
blanches. En dessous, croissent les herbes sauvages.
Par endroits, cela tourne au marais, à la savane.

Il y a çà et là de vieux kiosques mélancoliques,
où, paraît-il, le sultan vient se reposer avec ses
femmes. Les arabesques en sont effacées par la chaux
blanche.

De l'ensemble se dégage comme une mélancolie
de cimetière. Que de belles créatures cloîtrées, choisies parmi les plus superbes jeunes filles de tout
le Moghreb, ce bois d'orangers a dû voir passer,
s'ennuyer, se faner et mourir!

XXIII

Une des complications de l'existence dans cette
ville est de ne pouvoir jamais sortir seul, même en
costume arabe ; on risquerait quelque mauvaise
aventure, et puis, surtout, ce ne serait pas comme il
faut, le décorum exigeant que l'on soit toujours précédé d'un domestique ou de deux, bâton en main,
pour faire faire place. On ne peut pas sortir à pied
non plus, par convenance d'abord, et pour ne pas
enfoncer jusqu'aux genoux dans les boues, pour ne
pas se faire écraser, contre les murs trop resserrés,
par les mules chargées ou par les beaux cavaliers
fiers. Et alors, avec l'indolence des gens de service,
faute d'une monture quelconque sellée à l'heure
dite, on est les trois quarts du temps prisonnier dans
sa propre maison.

Chaque matin, je vais déjeuner chez le ministre avec les autres officiers de l'ambassade. Mais il me serait impossible d'y dîner le soir, à cause du retour, à la nuit tombée ; à cause des portes de quartiers qui se ferment, interrompant les communications entre nous.

Mais j'ai pour voisin, presque porte à porte, le docteur L*** — celui qui a bien voulu me prêter la maison que j'habite — et nous dînons ensemble chaque soir. Je vais à pied jusque chez lui, marchant les jambes bien écartées, mes babouches touchant les murs des deux côtés de la rue, pour éviter le ruisseau noir du milieu. A sa porte, qui est aussi basse et sombre que la mienne, je me frappe généralement le front en entrant. Et ensuite, je reviens aux lanternes, précédé de mes deux domestiques, Mohammed et Selem, me barricader, dès huit heures, dans ma maison millénaire. De l'autre côté de ma cour intérieure, ils habitent l'appartement symétrique du mien. Derrière leurs portes de cèdre absolument semblables aux miennes, ils se font du thé toute la nuit, et chantent des chansons avec accompagnement de guitare. Le matin, quand j'ouvre ma chambre, en face de moi ils ouvrent la leur, me disent bonjour, mettent leur burnous et vont se promener. Ni par argent, ni par menaces, je n'obtiendrai jamais qu'ils me servent un peu mieux. En général ils me laissent seul au logis, obligé, quand j'entends dans le lointain résonner le lourd frappoir de ma porte, obligé de descendre moi-même mon escalier de tourelle pour ouvrir au visiteur.

Si je raconte ces petites choses, c'est qu'elles donnent la mesure des difficultés de la vie pour un Européen égaré à Fez, même lorsqu'il s'y trouve comme moi dans des conditions exceptionnellement confortables.

***

Ce matin, comme hier après-midi, des visites officielles à différents grands personnages. Toujours la même pluie fine et froide, qui nous accompagne depuis le départ et qui rendait hier si mélancoliques les jardins du sultan.

Chez des vizirs, chez des ministres où nous nous rendons à cheval par les petites rues tortueusés et obscures, on nous reçoit dans ces cours à ciel ouver qui sont toujours le plus grand luxe des maisons de Fez; cours toutes pavées de mosaïques, toutes ornées d'arabesques, et entourées d'arcades à festons compliqués. D'autres fois, c'est au fonds de ces jardins délicieusement tristes, qui sont plu-

tôt des bois d'orangers envahis par les herbes, et
dont les avenues dallées de pierres blanches s'abritent sous des berceaux de vigne; le tout entouré,
naturellement, de ces hautes murailles de prison
qui doivent rendre invisibles les belles promeneuses
des harems.

Les grands dîners commenceront seulement la
semaine prochaine; ce ne sont encore que des collations, mais des collations pantagruéliques, toujours comme étaient chez nous celles du moyen
âge. Sur des tables, ou par terre, sont préparées de
grandes cuves, en porcelaine d'Europe ou du Japon,
remplies, en pyramides, de fruits, de noix pelées,
d'amandes, de « sabots de gazelle », de confitures,
de dattes, de bonbons au safran. Des voiles, en gaze
de couleurs éclatantes lamées d'or, recouvrent ces
montagnes de choses, qui suffiraient à deux cents
personnes. Des carafes bleues ou roses, peinturlu-
rées, chargées de dorures, contiennent une eau dé-
testable, terreuse et fétide, qu'il faut se garder de
boire. Nous sommes assis sur des tapis, des coussins
brodés, ou sur des chaises européennes d'un style
passé, Empire ou Louis XVI. Le service est fait par
des esclaves noirs, ou par des espèces de janis-
saires armés de longs sabres courbés, et coiffés de
tarbouchs pointus.

Jamais de café ni de cigarettes, car le sultan en a défendu l'usage, et dans son édit contre le tabac il a été même jusqu'à comparer la dépravation de goût des fumeurs à celle d'un homme qui mangerait de la viande de « cheval mort ».

Rien que du thé, et la fumée odorante, un peu grisante aussi, de ce bois précieux des Indes, que l'on brûle devant nous dans des réchauds d'argent. Partout, les hauts samovars à la russe, et le même thé à la menthe, à la citronnelle, excessivement sucré.

Il est de bon ton d'en reprendre trois fois, et c'est là un usage pénible, car, à chaque tour de plateau, on change entre les différents convives les tasses qui ont servi, après avoir impitoyablement reversé dans la théière ce qui restait au fond.

Durant ces visites nous ne voyons jamais les femmes, cela va sans dire, mais nous sommes constamment regardés par elles. Chaque fois que nous nous retournons, nous sommes sûrs d'apercevoir, au fond de quelque trèfle dissimulé dans les arabesques du mur, au fond de quelque meurtrière étroite, ou au-dessus de quelque rebord de terrasse, des paires d'yeux très longs et très peints qui nous examinent curieusement, et qui s'évanouissent, disparaissent dans l'ombre, dès que nos regards se croisent...

Ces personnages marocains qui nous reçoivent ont tous grand air ; sous les plis de leurs légers voiles blancs, ils marchent et se meuvent avec noblesse, ayant je ne sais quelle indolence distinguée, quelle tranquillité détachée de tout. Cependant on sent qu'ils ne valent pas les gens du peuple, les gens bronzés et farouches du plein air. Les richesses, la soif d'en acquérir toujours de plus grandes, et aussi les détours de la politique, les ont gâtés. Dans ces premières visites d'arrivée, le ministre ne parle point encore des questions, des affaires pendantes ; mais on devine qu'elles seront longues à régler, rien qu'à voir ces airs de ruse, de méfiance, et les demi-sourires félins de ces hommes voilés de blanc, qui ne répondent que par périphrases gracieuses, — qui ne semblent jamais pressés, ni jamais sincères.

*
* *

Le grand-vizir marie son fils, et depuis hier tout Fez retentit du bruit de cette noce. Dans les ruelles sombres, d'interminables cortèges vont et viennent, précédés de tam-tams, de musettes déchirantes et de coups de fusil. Nous en avons, ce matin, rencontré un d'au moins trois cents personnes, qui tiraient à poudre dans l'obscurité des petits passages voûtés, ébranlant tous les vieux murs; les gens qui marchaient les premiers portaient les cadeaux sur leur tête : c'étaient des choses très volumineuses, enveloppées dans des étoffes de soie brochée d'or.

La maison de ce vizir, pendant la visite que nous lui avons faite après midi, était parée magnifiquement pour la grande fête. Dans la cour, toute de mosaïques et de dentelles d'arabesques, étaient accrochées d'innombrables girandoles se touchant toutes, masquant absolument la voûte nuageuse du ciel; on avait rehaussé d'or frais, de bleu, de rose et de vert, toutes les fines sculptures enroulées des murailles, et de magnifiques tentures de velours rouge, brodées d'or en relief, étaient posées partout, jusqu'à hauteur du premier étage; de ces tentures arabes, dont les dessins représentent des séries d'arceaux, de festons, comme des portes de mosquée.

Dans les appartements, ouverts sur cette cour d'honneur, il y avait un étalage, une surprenante profusion de tapis merveilleux, de tentures et de coussins aux couleurs éclatantes ou rares, où s'entre

croisaient, en dessins étranges et presque religieux,
des ors jaunes et des ors verts. Sur ces richesses
se détachait, toute blanche, la personne du grand-
vizir, enveloppée de mousselines simples; son beau
visage félin, changeant, peu sûr, encadré de barbe
grise.

Le ministre lui demanda de voir, non pas la
mariée, bien entendu, puisqu'elle était encore invisible même pour son époux, mais le marié et les
jeunes hommes de sa suite.

Le vizir y consentit en souriant et nous emmena
à travers un jardin, à la maison préparée pour le
nouveau ménage; maison toute neuve, encore ina-
chevée, mais construite dans le style immuable de
Grenade et de Cordoue, et où une armée d'ouvriers
fouillaient patiemment des arabesques.

Là, sur des divans, tout autour d'une grande salle
nue, des jeunes hommes étaient assis, faisant la
fête, avec du thé, des sucreries et des fumées de
parfums. La jeunesse dorée de Fez, la nouvelle
génération, les futurs caïds et les futurs vizirs, qui
seront peut-être appelés à voir l'écroulement du
vieux Moghreb. — Très jeunes, tous, mais étiolés,
pâles, mornes et affaissés sur leurs coussins; le fils
du grand-vizir, vêtu de vert (ce qui est la couleur
des mariés), était à l'écart dans un coin, le plus

sombre et le plus affaissé de tous, l'air absolument abêti, excédé d'ennui et de lassitude. A mi-hauteur de la grande salle où ces jeunes gens s'amusaient, la fumée du bois odorant des Indes faisait comme une bande de nuages gris...

XXIV

En quelques heures, comme il arrive toujours ici, le ciel s'est dégagé, et il n'y a plus rien dans l'air. A la place de tant de nuées grises, qui passaient et repassaient, obscurcissant les idées et les choses, reste un vide immense, profond, limpide, qui est ce soir d'un bleu irisé, d'un bleu tournant, à l'horizon, au vert d'aigue-marine ; il y a partout grand resplendissement, grande fête et grande magie de lumière.

Aux heures merveilleuses de la fin du jour, je monte m'asseoir sur ma terrasse. La vieille ville fanatique et sombre se baigne dans l'or de tout ce soleil ; étalée à mes pieds sur une série de vallons et de collines, elle a pris un aspect d'inaltérable et radieuse paix, quelque chose de presque riant, de

presque doux ; je ne la reconnais plus, tant elle est
changée ; il y a comme un rayonnement rose sur
l'immobilité de ses ruines. Et l'air est devenu tout
à coup si tiède et si tranquille, donnant des illusions d'éternel été !...

Autour de moi, aux premiers plans, se groupent
les sommets en terrasses des très hautes maisons
voisines : des dessus de cubes de pierre, irréguliè-
rement disposés, et comme jetés au hasard. Entre
ces terrasses et la mienne, il y a le vide ; bien qu'on
y distingue avec une extrême netteté les moindres
détails des objets, les moindres lézardes des murs,
elles sont séparées de moi par une sorte de brouillard de lumière, qui donne du vague à leurs bases,
qui les rend presque vaporeuses ; on les dirait sus-
pendues dans l'air. Et tous ces hauts promenoirs,
peu à peu se couvrent de femmes, qui apparaissent
l'une après l'autre, qui surgissent, dans des costumes d'idoles, coiffées de l'*hantouze* (une mitre
dorée rappelant le hennin des derniers jours de
notre moyen âge).

Au delà de ces terrasses rapprochées, qui sont
celles des maisons bâties, comme la mienne, à la
partie la plus élevée du vieux Fez, — après du vide
encore, et après d'autre brume lumineuse, des
choses plus lointaines se dessinent à l'infini,

comme à travers des transparences de gaze. C'est
d'abord tout le reste du vieux Fez : un millier de
terrasses, d'un gris violet, où les belles promeneuses aériennes semblent n'être plus que des
points d'éclatantes couleurs semés sur un monotone éboulement de ruines, Au-dessus de cette uniformité de cubes de pierre, montent quelques
hauts palmiers à tige frêle: — et aussi, toutes les
vieilles tours carrées des mosquées, avec leurs
placages de faïences jaunes et vertes, longuement
recuites par des siècles de soleil, avec leurs petites
coupoles surmontées chacune d'une boule d'or.

De Fez-le-Neuf, qui est plus loin, on ne voit
guère que les grands murs sinistres, enfermant les
sérails, les palais, les cours du sultan. — Et une
ceinture de jardins verts, du plus beau vert printanier, entoure la grande ville; ses vieux remparts,
ses vieux bastions, ses vieilles formidables tours.
sont comme noyés dans la fraîche verdure.

Il fait clair, clair, étonnamment clair. Malgré
cette insaisissable vapeur, qui est d'une teinte d'iris
dans les bas-fonds et d'un rose doré sur les sommets, on voit les lointains comme s'ils s'étaient
tous rapprochés ou comme si la vue avait acquis,
ce soir, une pénétration inusitée.

Là-bas, voici Karaouïn et Mouley-Driss, les deux

grandes mosquées saintes, dont les noms seuls, avant mon arrivée, me donnaient le frisson des choses très mystérieuses! — Je vois, par en dessus, leurs minarets, leurs toits recouverts de faïences vertes comme ceux de l'Alhambra: ainsi regardées en pleine lumière, dans la tranquillité de ce beau soir, elles semblent n'avoir plus rien d'inquiétant; elles semblent ne plus être de redoutables sanc-tuaires, et, de même, toute cette grande ville, au milieu de sa ceinture de frais jardins, si calme sous l'adoucissement de cette pure lumière d'or rose, ne donne plus l'impression de ce qu'elle est en réalité de farouche et de sombre; de ce qu'elle renferme de mystérieusement immuable; on a peine à se figurer que c'est bien là ce cœur muré de l'Islam, cette Mecque solitaire du Moghreb, sans routes pour communiquer avec le reste du monde.

Au delà encore, au delà des jardins et des rem-parts, le cirque gigantesque des montagnes baigne aussi dans la lumière; on en compte ce soir les moindres vallées, les moindres replis; on voit, comme avec des lunettes d'approche, tout ce qui s'y passe. Çà et là, des caravanes, infiniment pe-tites dans l'éloignement, cheminent vers le Soudan ou vers l'Europe. Du côté de l'est, du côté où tom-bent en plein les derniers rayons du soleil, c'est

une région de cimetières et de ruines; les premières assises avoisinant la ville sont couvertes
de débris de murailles, de « koubas » de saints,
de petits dômes funéraires, d'innombrables tombeaux: et, comme c'est vendredi (le dimanche musulman), jour de pieuses visites aux morts, ces
cimetières sont pleins de monde. Parmi les pierres,
on voit circuler les visiteurs, en burnous grisâtre,
qui, de si loin, semblent d'autres pierres en
marche. Au-dessus, les cimes sont d'un rose ardeⱡ,
avec des plis d'ombre absolument bleus. Et plus
haut encore et plus loin, le grand Atlas, tout couvert de ses neiges étincelantes, d'un autre rose
encore, plus transparent, plus pâle, se dessine,
comme une découpure nette de cristal, sur le jaune
clair qui commence à envahir et à remplacer tout
le bleu fuyant du ciel.

Du côté du couchant, une grande montagne très
rapprochée se dresse en écran dentelé contre le
soleil, projetant sur une partie de la ville son
ombre. Elle est striée obliquement du haut en bas,
et elle imite, avec sa crête aiguë, une énorme
vague marine, soulevée là, puis figée. On sent que
par derrière, sur son versant opposé, on serait encore en plein éblouissement de soleil: elle est toute
bordée, toute rebroussée de lumière.

Des nuées d'oiseaux noirs tourbillonnent au-dessus des terrasses, et de grandes cigognes passent aussi, d'un vol tranquille, dans l'or vert du ciel.

*
* *

C'est vendredi saint, un jour où, dans nos pays, le printemps encore instable se voile d'ordinaire de nuages gris; tellement qu'on dit « un temps de vendredi saint » pour exprimer un ciel couvert que le vent tourmente. Mais la ville où je suis ne porte pas, ne reconnaît même point ce deuil des chrétiens, et elle se baigne voluptueusement ce soir dans l'air calme et chaud, sous un ciel éclairé en fête.

De plus, dans les pays d'Islam, le vendredi est pour le peuple, comme chez nous le dimanche, un jour de repos et de toilette. Aussi des femmes, plus nombreuses que de coutume et mieux parées, arrivent par les petites portes de ces espèces de guérites qui sont les sommets des escaliers de leurs maisons; émergent l'une après l'autre sur les toits, en se secouant comme des oiseaux; émaillent partout de leurs éclatants costumes les vieilles terrasses grises.

Grises, toutes ces terrasses, incolores plutôt,

d'une nuance neutre et morte, indifférente, qui change avec le temps et le ciel. Jadis blanchies, reblanchies de chaux jusqu'à perdre leur forme sous ces couches amoncelées ; puis recuites au soleil, calcinées par les brûlantes chaleurs, ravinées par les pluies, jusqu'à devenir presque noirâtres. Un peu tristes, les hauts promenoirs de ces femmes. Et partout, sur ma terrasse à moi comme chez mes belles voisines, les vieux petits murs bas sur lesquels on s'accoude, et qui servent de parapet pour ne pas tomber dans le vide, sont couronnés de lichens, de saxifrages et de fleurettes jaunes.

Elles se promènent par groupes, ces femmes ; ou bien s'asseyent pour causer sur les rebords des murs, jambes pendantes au-dessus des cours et des rues ; ou bien s'étendent, nonchalamment renversées, les bras relevés sous la nuque. D'une maison à l'autre, elles se visitent, par escalade, à l'aide de petites échelles quelquefois, ou de planches improvisant des ponts. Les négresses, sculpturales, ont aux oreilles de grands anneaux d'argent ; leurs robes sont blanches ou roses, des foulards encadrent le noir de leurs visages ; leurs voix rieuses sonnent comme des crécelles, en gaietés drôles de singes. Les Arabes blanches, leurs maîtresses, portent des tuniques de soie brochée

d'or, atténuées sous des tulles brodés : leurs manches, longues et larges, laissent libres leurs beaux
bras nus cerclés de bracelets ; de hautes ceintures,
en soie lamée d'or, raides comme des bandes de
carton, soutiennent leurs gorges; sur tous les
fronts il y a des ferronnières, faites d'une double
rangée de sequins d'or, ou de perles, ou de pierreries, et par-dessus est posée l'*hantouze*, la haute
mitre enroulée toujours de foulards en gaze d'or,
dont les bouts pendent et flottent par derrière,
mêlés à la masse des cheveux dénoués ; elles marchent la tête rejetée en arrière, les lèvres ouvertes
sur les dents blanches; elles ont un balancement
des hanches un peu exagéré et d'une voluptueuse
lenteur; leurs yeux, déjà très grands et très noirs,
sont réunis et allongés jusqu'aux tempes, avec de
l'antimoine; plusieurs sont peintes, non pas au
carmin, mais au vermillon pur, comme par recherche sauvage de l'invraisemblance ; leurs joues
semblent passées au minium épais; et sur leurs
bras, sur leurs fronts, paraissent des tatouages
bleus.

Tout ce luxe, qui se voile uniformément de blanc
grisâtre quand il s'agit de se promener comme de
mystérieux fantômes en bas dans le dédale des
petites rues boueuses, ici s'étale complaisamment en

pleine lumière. Cette ville, qui paraît si maussade et si noire à qui la parcourt sans lever la tête, déploie toute sa vie féminine élégante le soir sur ses toits, à ces heures dorées de la fin du jour. Maîtresses ou esclaves, sans distinction de castes, se promènent pêle-mêle, riant ensemble, et souvent enlacées avec une apparence d'égalité complète.

Du reste, aucun voile sur ces visages qui dans la rue sont si soigneusement cachés ; aussi les hommes ne doivent-ils jamais monter sur les terrasses de Fez.

Je commets, moi, une action tout à fait inconvenante, en restant assis sur la mienne... Mais je suis étranger ; et je puis feindre de ne pas savoir...

Cependant l'or s'assombrit, s'éteint partout ; l'espèce de limpidité rose qui resplendissait sur la ville religieuse remonte peu à peu vers les couches plus élevées de l'air ; seuls, les sommets des tours brillent encore, avec les plus hautes terrasses ; une pénombre violette commence à se répandre dans les lointains, dans les lieux bas, dans les vallées. Bientôt va sonner l'heure de la cinquième et dernière prière du jour, l'heure sainte, l'heure du Moghreb... Et toutes les têtes des femmes se tournent vers la vénérable mosquée de Mouley-Driss, comme dans l'attente de quelque pieux signal...

Il y a pour moi une magie et un inexpressible charme, dans les seules consonances de ce mot : le Moghreb... Moghreb, cela signifie à la fois l'ouest ; le couchant, et l'heure où s'éteint le soleil. Cela désigne aussi l'empire du Maroc qui est le plus occidental de tous les pays d'Islam, qui est le point de la terre où est venue mourir, en s'assombrissant, la grande poussée religieuse donnée aux Arabes par Mahomet. Surtout, cela exprime cette dernière prière, qui, d'un bout à l'autre du monde musulman, se dit à cette heure du soir ; — prière qui part de la Mecque et, dans une prosternation générale, se propage en traînée lente à travers toute l'Afrique, à mesure que décline le soleil — pour ne s'arrêter qu'en face de l'Océan, dans ces extrêmes dunes sahariennes où l'Afrique elle-même finit.

*
* *

L'or continue de se ternir partout. Fez est déjà plongé dans l'ombre de ses grandes montagnes ; Fez rapproché se noie dans cette vapeur violette, qui s'est élevée peu à peu comme une marée montante ; — et Fez lointain ne se distingue presque plus. — Seules, les neiges au sommet de l'Atlas conservent encore, pour une dernière minute mourante, leur étincellement rose...

Alors un pavillon blanc monte au minaret de Mouley-Driss.

Comme une réponse subite, à tous les autres minarets des autres mosquées, d'autres pavillons blancs semblables apparaissent :

— *Allah Akbar!*

Un immense cri de foi aveugle retentit sur la ville tout entière.

— *Allah Akbar!...*

A genoux, tous les croyants! à genoux dans les mosquées, à genoux dans les rues, à genoux au seuil des portes, à genoux dans les champs : c'est l'heure sainte de Moghreb !...

— *Allah Akbar!...*

Du haut de tous les minarets, les *mouedzen*, mettant leurs mains contre leur bouche, répètent le long gémissement religieux aux quatre points cardinaux, en traînant leur voix de fausset tristement comme des loups qui hurlent...

  . . . .

Tout s'apaise -- le soleil est couché. — Une vapeur violette plus foncée accentue davantage le vide entre les terrasses ; elles semblent se séparer les unes des autres, s'éloigner de moi avec leurs groupes de femmes devenues immobiles... Un silence tombe sur la ville, après l'immense prière...

****

La nuit est venue, les étoiles s'allument. On ne distingue plus rien. Là-haut seulement, sur une terrasse qui me domine, une femme reste perchée en silhouette d'ombre à l'angle aigu du toit, fièrement campée sur ses jambes, les mains derrière le dos, contemplant je ne sais quoi, en bas, dans le vide...

XXV

On s'est battu, cette nuit, au camp du sultan (qui commence à se former sous les murs de la ville pour l'expédition prochaine). Il s'agissait d'une mule que deux escadrons se disputaient. De minuit à une heure du matin on s'est tiré des coups de fusil ; il y a eu une vingtaine de blessés et quatre morts, que nous avons vu emporter en tas sur une civière.

Le temps splendide, la fête de lumière continuent. Le ciel est d'un bleu d'indigo pur, et la chaleur augmente. Aux puanteurs de la ville se mêlent des parfums suaves, des bouffées de fleurs d'oranger venues des jardins. Je m'habitue à ma petite maison, qui ne me paraît plus du tout sinistre. Dans la partie que j'habite, j'ai fait laver toutes les mosaïques et passer de la chaux blanche aux murs.

(Dans des recoins j'ai découvert de nouvelles petites
portes, menant à des couloirs, à des niches, à des
oubliettes ; pour faire disparaître quelqu'un, tout
cela serait excellent.) Je trouve très naturelle ma
petite porte basse avec ses ferrures de l'an 1000, et
je ne m'étonne plus de mon étroite rue noire. Je
m'habitue à mon quartier, et mes voisins aussi
s'habituent à moi, ne me regardent plus. Bien que
ce soit incorrect et que cela gêne les belles dames
du voisinage, je commence à me tenir beaucoup sur
ma terrasse, surtout à l'heure sainte du Moghreb,
quand les pavillons blancs se hissent sur les mosquées, quand les *mouedzens* apparaissent en haut
des minarets pour chanter la prière et que les
grandes montagnes s'assombrissent dans leurs
nuances violettes et roses du soir.

Je sais qui est ce voisin dont la maison est si
enchevêtrée avec la mienne. C'est un riche personnage, un *amin*, quelque chose comme un payeur
général de l'armée du sultan. Ce que j'entends piler
chez lui tous les matins et tous les soirs, d'une
façon continue qui m'intriguait si fort, c'est du
sucre et de la cannelle, pour faire des bonbons
à ses enfants, qui sont très nombreux. La vie si
murée de ce pays a des dessous d'une parfaite bonhomie patriarcale quand on la regarde de près. — Le

soir, à travers les planchers, m'arrivent les voix des enfants et des femmes de cet *amin*, et cela me tient compagnie.

Je m'habitue à mes longs vêtements d'Arabe, à la manière élégante de tenir mes mains dans mes voiles et de draper mes burnous. Et, très souvent, je reviens traîner mes babouches aux alentours de la mosquée de Karaouïn, dans ce labyrinthe du bazar, qui a pris, sous ce beau soleil, un aspect si différent de celui des premiers jours.

***
** **

Ce soir, avec mon compagnon habituel, le capitaine H. de V***, en Arabes tous deux, nous venions d'entrer au marché des esclaves. Il n'y avait personne dans la triste cour. Et, comme nous nous informions si on ferait des affaires bientôt (c'est généralement à la tombée de la nuit, après l'heure de la prière du Moghreb, que viennent ici les esclaves, les vendeurs, les acheteurs), on nous répondit : « Nous ne savons pas, mais il y a *toujours cette négresse, dans ce coin, qui est à vendre.* »

Elle était assise, cette négresse, au bord d'une des niches qui sont creusées là comme des tanières dans l'épaisseur des vieux murs ; la tête

basse, enveloppée d'un voile gris, la figure couverte, elle avait l'attitude de la consternation
extrême. Et quand elle nous vit approcher, crai-
gnant sans doute d'être achetée, elle s'affaissa encore
davantage. Nous la fîmes lever, pour la voir,
comme c'est l'usage pour toute marchandise :
c'était une petite fille de seize à dix-huit ans, dont
les yeux pleins de larmes exprimaient un désespoir
résigné mais sans bornes. Elle tortillait son voile
de ses deux mains et gardait la tête penchée vers
la terre... Oh ! la pitié qu'elle nous fit, cette pauvre
petite créature, qui s'était levée docilement pour
se laisser examiner et qui attendait là son sort...
A côté d'elle, assise dans la même niche, se tenait
une vieille dame, au voile soigneusement fermé
sur le visage, qui semblait appartenir à une classe
distinguée, malgré son costume simple. C'était sa
maîtresse, qui l'avait amenée là au marché pour la
vendre. Nous demandâmes la mise à prix : cinq cents
francs. Et la vieille dame, avec des larmes et une expression d'yeux aussi triste que celle de son esclave,
nous expliqua qu'elle avait acheté cette enfant
toute petite, qu'elle l'avait élevée; mais qu'à présent, étant devenue veuve et pauvre, elle ne pou-
vait plus la nourrir et se voyait obligée de s'en
défaire... Et ces deux femmes attendaient les ache-

teurs, l'attitude timide et humiliée, l'air aussi désespéré l'une que l'autre. On eût dit une mère qui venait vendre sa fille. . . . .

*
* *

A Fez, on ne sort la nuit que quand on y est forcé, cela va sans dire. Dans les petites rues étroites et voûtées, il fait, dès huit heures, une obscurité profonde. On risque de tomber dans des cloaques, dans des puits, dans des oubliettes, qui tendent çà et là leur gueule béante.

Ce soir, cependant, nous devons aller tous au palais, et l'ordre a été donné de laisser ouvertes les portes des quartiers sur notre passage.

*
* *

Le départ a lieu à huit heures et demie, de la maison du ministre, sur des mules rétives. Les inévitables soldats rouges, baïonnette au fusil, nous escortent avec de grandes lanternes, dont les panneaux sont découpés en ogives comme les portes des mosquées.

D'abord nous traversons à la file le quartier des jardins, zigzaguant dans l'obscurité entre les petits

murs bas par-dessus lesquels passent les branches
d'oranger aux senteurs suaves. Ensuite, c'est un
coin de bazar couvert; des rues tortueuses, pavées en casse-cou, où quelques fanaux sont allumés encore dans des petites boutiques endormies.
Puis une grande rue noire, entre de longs murs en
ruine; des Arabes, roulés pour la nuit dans leurs
burnous, y dorment par terre, avec des chiens — et
nous manquons de les écraser. — Puis enfin les
portes des premières enceintes du palais, gardées
par des soldats au sabre nu; les battants massifs, renforcés de ferrures énormes, ont été laissés
entr'ouverts à notre intention. Et nous traversons,
aux lanternes, les immenses cours déjà connues;
les places désertes, où sont des cloaques et des
fondrières, entre les gigantesques murailles qui
pointent, sur le ciel étoilé, tous leurs créneaux
comme des rangées de peignes noirs. Partout des
gardes échelonnés, le sabre au poing, sur ce farouche parcours. — On sent qu'il n'est pas hospi-
talier, le lieu où l'on pénètre...

Enfin nous arrivons dans la cour des Ambassadeurs, la plus grande de toutes. — L'obscurité y
est plus transparente, parce qu'il y a plus d'espace,
plus de reculée lointaine. Les grenouilles y font un
bruyant concert, avec quelques cigales nocturnes.

Tout au fond, là-bas, il y a d'autres lanternes ajourées comme les nôtres, vers lesquelles nous nous dirigeons. Elles éclairent de graves personnages vêtus de blanc qui nous attendent : les vizirs, les caïds du palais.

Il s'agit d'expérimenter devant eux des cadeaux que nous avons apportés à l'intention des dames du sérail : des piquets de fleurs électriques, des bijoux électriques, étoiles et croissants, pour mettre dans les cheveux de ces belles invisibles. On nous avertit que le sultan lui-même rôde autour de nous, dans tout ce noir qui nous enveloppe, afin de voir sans être vu ; que peut-être il ira jusqu'à se montrer, si cela l'intéresse ; alors nous veillons des yeux les quelques rares fanaux qui circulent dans les lointains de la cour, attendant de minute en minute sa sainte apparition. Mais non, le calife, insuffisamment intéressé sans doute, ne se montre pas.

Les piles sont longues à préparer ; elles semblent y mettre de la mauvaise volonté. Et tous ces petits joujoux du xix⁰ siècle, que nous avons apportés là, s'allument avec peine, brillent tout juste comme des vers luisants, dans la grande obscurité séculaire d'alentour...

Dimanche 21 avril.

Jour de Pâques. — Temps lumineux et splendide, de plus en plus chaud : les suaves senteurs des orangers et les odeurs des bêtes mortes imprègnent l'air plus lourdement.

Il fait délicieusement beau dans le jardin de la maison du ministre, et nous y restons chaque jour longuement assis après le déjeuner, devant l'antique pavillon aux arabesques à demi effacées sous la chaux laiteuse ; les grands orangers, avec leurs fleurs blanches et leurs fruits d'or, se détachent, au-dessus de nos têtes, sur le bleu cru du ciel ; et on écoute, avec une sorte de volupté fraîche, l'eau jaillir de la vasque de marbre, ruisseler sur les pavés de mosaïques.

*
* *

Couru le bazar tout le jour, avec H. de V***, en vêtements arabes, l'un et l'autre ; nous nous mêlons de plus en plus à ces foules, où personne ne prend plus garde à nous, tant nous sommes devenus corrects et naturels.

Nous commençons à nous retrouver sans peine,

dans ce bazar, dans le dédale de ces rues couvertes
de claies en roseaux et de branches de vigne, où
circulent les acheteurs à capuchons blancs, entre
les petites boutiques obscures, miroitantes d'armes,
de soie et d'or.

* *
*

Le soir, au marché des esclaves, à l'heure sainte
et déjà crépusculaire du Moghreb, on amène toute
une bande de petites négresses, fraîchement captu-
rées au Soudan et ayant encore leurs coiffures gom-
mées, leurs gris-gris et leurs colliers de là-bas. Des
vieillards en vêtements de riches, d'une blancheur
de neige, les examinent, les palpent, leur étirent les
bras, leur ouvrent la bouche, pour vérifier leurs dents.
Finalement elles ne trouvent pas d'acquéreur et le
marchand les ramène en troupeau mélancolique,
tête baissée. En passant, elles me frôlent et, rien
qu'avec leur aspect et leur senteur, elles me rappel
lent le Sénégal, tout un monde de souvenirs morts...

. . . .

Sur le toit de ma maison, aux dernières lueurs
du jour, je regarde de gros nuages d'orage envahir
peu à peu le ciel, présageant la fin du beau temps.
Ils sont d'une teinte de cuivre terni et les milliers

de terrasses deviennent là-dessous d'un gris froid presque bleu.

Comme elle m'est promptement devenue familière, la vue qu'on a, de là-haut, sur cette ville — d'où ne monte aucun roulement de voitures, aucun fracas de machines, — rien qu'un murmure confus de voix humaines, de hennissements de chevaux, et des bruits de métiers anciens : tissage d'étoffes ou martelage de cuivre.

Vraiment, je sais déjà par cœur tout le petit train de la vie du soir au faîte des maisons. Je connais toutes mes voisines qui, l'une après l'autre, émergent par les petites portes, s'asseyent et restent là bizarrement colorées sur cette uniformité grisâtre, jusqu'à cette heure crépusculaire où les tours plaquées de faïences vertes des mosquées deviennent grises elles-mêmes, où tout se confond et s'éteint. Telle belle dame là-bas, généralement en robe bleue avec hennin jaune, arrive toujours suivie d'une négresse en robe orange, qui lui apporte une petite échelle pour monter sur le toit voisin, derrière lequel elle disparaît (??...). Telle autre, dans la direction de Karaouïn, escalade toute seule, en levant beaucoup les genoux, et enjambe une rue pour aller sur une maison plus haute retrouver ses amies, qui sont bien une dizaine, tant négresses que blanches... Je sais où sont les nids des cigognes, qui claquent du bec, immobiles, sur leurs longues pattes. Je connais même différents chats du voisinage, qui se font des visites comme les dames, en escaladant des terrasses et en sautant par-dessus des rues. Et, enfin, je connais aussi ces huées d'oiseaux noirs à bec jaune, semblables à des merles, qui se poursuivent tant que dure une lueur de jour, comme chez nous les martinets, en grands cercles tourbillonnants.

*
* *

Un *tholba* de la mosquée de Karaouïn, un très gentil *tholba* qui s'intéresse avec une curiosité condescendante aux choses d'Europe, est quelquefois mon compagnon de flânerie sur les terrasses ; mais, étant musulman et citoyen de Fez, il se cache derrière des pans de murs, pour n'être pas vu des dames promeneuses. Ce soir, il m'a fait escalader un toit pour me montrer ma rue, que je n'avais jamais regardée de si haut : au point où nous étions montés, elle n'avait plus guère que vingt centimètres de largeur, tant les maisons s'étaient rapprochées par le sommet. Très facilement on l'aurait enjambée pour aller visiter les belles dames du voisinage : elle semblait n'être plus qu'une sorte de fente, de fissure noire, tout au fond de laquelle, comme dans un puits, des passants, qui avaient l'air de fantômes, traînaient leurs babouches sur des immondices. Et, par opposition, en haut sur les toits, tout était lumière, étalage de toilette, causerie joyeuse de femmes, volupté nonchalante, grand air et espace...

*
* *

Il est réellement très moderne, ce *tholba*, très étudiant même, dans sa façon de comprendre la jeunesse, dans sa préoccupation constante des femmes et du plaisir. Évidemment il est quelqu'un d'exceptionnel parmi les *tholbas*. Et, par lui, je serai bientôt au courant de toute la vie galante de ce pays.

Jamais je ne me serais imaginé que Fez était la ville d'Afrique où l'on mène le plus facilement cette vie-là. C'est que, en plus de tant de saints personnages, il y a ici un grand nombre de marchands de toute sorte ; une certaine fièvre de l'or, bien que très différente de la nôtre, sévit dans ces murs ; des gens, enrichis trop vite, — au retour, par exemple, de quelque caravane heureuse du

Soudan, — se hâtent de jouir de la vie et d'épouser plusieurs jeunes filles ; ruinés l'année suivante, ils divorcent et s'en vont, abandonnant ces femmes à leurs ressources personnelles. Fez est donc rempli d'épouses divorcées qui vivent comme elles peuvent. Les unes habitent isolément, avec la tolérance des caïds de quartiers, et deviennent d'équivoques élégantes à haute tiare dorée. D'autres, descendues plus bas, se groupent sous le patronage de quelque vieille matrone; mais les maisons de ces dernières sont des antres dangereux, situés toujours au-dessus de l'Oued-Fez (la rivière presque tout le temps souterraine qui alimente les jets d'eau et les ruisseaux). Et cette rivière, qui va ensuite arroser les orangers du sultan, roule si souvent des cadavres, grâce à ces dames, qu'on a été obligé de la barrer par un grillage de fer avant son arrivée dans les jardins.

Il paraît que la manière irrésistible — et d'ailleurs traditionnelle, presque obligatoire — de se faire bien venir d'une belle divorcée, est de lui porter un pain de sucre (on ne se figure pas ce que les Marocains et les Marocaines sont gourmands de sucreries).

Donc, à la tombée du jour, lorsque l'on voit passer le long des murailles un monsieur mystérieux, dissimulant un pain de sucre sous son burnous, on est très fondé à mettre en doute la pureté de ses intentions...

A première vue, qui croirait qu'une telle ville peut renfermer de si pitoyables et drolatiques petites choses?

XXVI

Lundi 22 avril.

Nous sommes invités à déjeuner chez le vizir de la guerre, Si-Mohammed-ben-el-Arbi.

Il a plu à torrents toute la nuit. Il pleut encore sur notre défilé pénible, à cheval, raclant les murs avec nos genoux dans les ruelles étroites et bousculant contre les portes les passants encapuchonnés de laine grise. Dans les mille détours du labyrinthe, qui a repris son air le plus piteux des jours de pluie, nous marchons une demi-heure, escortés de soldats et obligés parfois de nous courber complètement sur le cou de nos chevaux, dans l'obscurité des voûtes trop basses. De nouveau, nous faisons jaillir autour de nous cette boue gluante et fétide, qui se reforme tout de suite à Fez, dès qu'une averse est tombée.

Nous mettons pied à terre au milieu d'une mare, devant une misérable petite porte étroite qui est l'entrée de ce vizir. Les premiers couloirs de sa maison, pavés de mosaïques blanches et vertes, se succèdent en tournant sur eux-mêmes, pour empêcher les regards de pénétrer à l'intérieur. Mais une plus large porte est au bout, ouvrant sur quelque chose d'inattendu et de magnifique.

Une grande cour majestueuse; des portiques festonnés, aux sculptures rehaussées de couleurs et d'or. Une étrange et lente musique de temple, jouée et chantée par un orchestre et un chœur invisibles. Des gens en costumes de féerie, venant au devant de nous sur des dalles de marbre.

Au temps où l'Alhambra était habité, doré, vivant, il s'y passait, je pense, des scènes de ce genre. Peut-être les couleurs ici, les bleus, les rouges, les ors, sont-ils un peu trop frais parce que la maison, par extraordinaire, est neuve; mais l'ensemble est harmonisé quand même. Au théâtre, on a vu des fonds et des costumes semblables; l'étonnement est que de telles choses existent encore.

La cour est un carré long, très grand; elle est bordée de hautes murailles d'une blancheur immaculée, que couronnent, tout autour, une frise d'arabesques bleues et roses et un rang de tuiles en faïence verte ; en son milieu, un jet d'eau sort d'une vasque ronde et se répand en petite cascade, mêlant son bruit à celui de l'invisible et solennelle musique.

Sur les deux faces longues de ce quadrilatère, s'étendent des « marquises » en bois de cèdre, très débordantes ; peintes en un rouge éclatant qui tranche sur la blancheur des murs, elles sont ornées de grandes rosaces géométriques bleu et or, d'une complication inouïe. Elles abritent des séries de portes ogivales, masquées intérieurement par des mousselines tendues, et derrière ces voiles on entend chuchoter des femmes cachées qui nous regardent.

Les deux petites faces du quadrilatère, celles naturellement qui sont le plus éloignées l'une de l'autre, ont en leur milieu des portes monumentales qui sont des merveilles de dessin et de coloris. Le premier cintre est festonné en stalactites d'une blancheur neigeuse, qui semblent pendre par grappes, se superposer et s'enchevêtrer comme des cristaux de givre. Au-dessus de leurs longues gouttelettes blanches, un second cintre ogival est rehaussé de bleu, de rouge et d'or. Et encore au-dessus un indescriptible couronnement s'étage en hauteur, monte jusqu'au faîte du mur ; il est composé de fines arabesques polychromes, enlacées d'or; il est un échafaudage de ces dentelles rares, comme celles qui avaient été tissées jadis à Grenade dans du stuc rose, aux murailles de l'Alhambra. Les deux battants de ces hautes portes sont ouverts en grand; ils sont entièrement ciselés, peints et dorés, en rosaces de kaléidoscope, où domine le vert métallique et qui semblent des queues de paon éployées.

Ces deux entrées monumentales se font face à chaque bout de la cour; elles ont de longs rideaux mi-partie de drap bleu pâle et de drap groseille lisérés d'or, sur lesquels se découpent, encore plus blanches, les dentelures de leurs stalactites. Et ces rideaux, soulevés, laissent voir à l'intérieur le luxe habituel des tapis, des coussins et des soieries dorées.

Parmi ces personnages qui viennent au-devant de nous, dans la belle cour, il y a d'abord le vizir de la guerre, à tête de sphinx égyptien, et les principaux chefs de l'armée. Derrière eux, suivent des nègres et des négresses esclaves, parés de colliers, de bijoux, de grands anneaux de métal. Tout ce monde, en babouches, glisse sans bruit sur le marbre brillant, au son de la musique lentement rythmée qu'accompagnent des castagnettes de fer.

Passant sous les stalactites de la porte du fond, nous entrons avec nos hôtes dans un appartement meublé à l'européenne, mais meublé bizarrement : des lits à colonnes, drapés de brocarts roses et bleu-paon ; des fauteuils dorés, recouverts d'étoffes brochées. Aux murs, de la chaux blanche et des arabesques. Et, sur des plateaux d'argent posés par terre, des coffrets espagnols, en forme de châsse gothique, remplis de bonbons.

La musique est tout près de nous, dans un appartement voisin. Le chœur chante en voix de fausset, très élevée comme toujours; cela fait songer à quelque office religieux célébré à la chapelle Sixtine; — et l'orchestre, de cordes, a des sonorités puissantes. Les mêmes motifs reviennent sans cesse, repris avec une sorte d'exaltation graduée et croissante.

Parmi ces grands Arabes drapés de blanc qui sont là, un petit être extraordinaire, que l'on adule beaucoup, est vêtu avec une grande recherche de couleurs. — C'est un enfant de sept à huit ans, le fils favori du vizir, né d'une de ses esclaves noires. (Au Maroc, ces enfants-là ont même rang dans la famille que ceux des épouses blanches; et c'est une des causes d'abâtardissement de la race arabe, de plus en plus mêlée de sang nubien.) Il porte une robe jonquille, atténuée d'un surplis de gaze blanche;

un burnous bleu pâle; une large bretelle de soie vert-réséda soutenant un petit Coran dans une gibecière; et des babouches orange, brodées de violet et d'or. Il a une charmante petite figure drôle, moitié arabe, moitié nègre; sur le blanc presque bleu de ses yeux largement ouverts, on voit rouler constamment ses prunelles rapides.

Dans la pièce voisine, les musiciens sont au nombre de vingt, tous en burnous d'apparat, de différentes couleurs, et assis en cercle par terre sur des coussins. Chacun d'eux joue et chante en même temps, dans une sorte de délire, la tête rejetée en arrière, la bouche largement ouverte. Les uns ont de grandes mandolines en marqueterie dont ils touchent les cordes avec des morceaux de bois. Les autres ont des violons tout incrustés de nacre; ils en jouent avec de très larges archets courbes, qui sont ornés de dessins en nacre et en ébène imitant les écailles sur la peau des serpents. Ces violons ont la forme de grandes galoches, dont les bouts se recourberaient en proue de navire.

Le couvert du déjeuner est dressé dans l'appartement opposé à celui où l'on nous a reçus, derrière l'autre feston de stalactites, à l'autre extrémité de la cour qu'il nous faut traverser de nouveau, sous le grand soleil.

Ce déjeuner est servi un peu à l'européenne; le vin interdit, remplacé par du thé que des serviteurs préparent à mesure dans les hauts samovars d'argent. La vaisselle est du Japon; les cristaux sont dorés et peinturlurés; tout cela qui, chez nous, formerait un ensemble commun et criard, fait bien ici au milieu d'un tel éclat de couleurs.

Il y a quelque chose comme vingt-deux services. Les esclaves noirs, affairés, affolés, traversent la cour en tous sens. Les plats sont tellement copieux qu'un seul homme a peine à les tenir; ce sont des quartiers de moutons, des pyramides de poulets, des poissons arrangés en montagne, des couscouss comme pour des ogres. On les apporte des cuisines sous les grands cônes obligatoires, en sparterie blanche agrémentée d'ornements rouges, et tous ces cônes s'amoncellent par terre, forment dans la cour comme un dépôt de gigantesques chapeaux chinois. La musique continue de jouer pendant ce long festin. Tout en déjeunant, nous regardons sans cesse, par la porte dentelée, la belle cour de marbre, son jet d'eau, sa blancheur, ses arabesques multicolores; et voici que peu à peu le faîte de ses murs se couronne de têtes de femmes, curieuses de nous apercevoir même de loin. Elles sont derrière, sans doute sur des promenoirs en terrasses ; nous ne voyons passer que leur coiffure en tiare, leur front et la ligne ombrée de leurs yeux ; elles semblent de grands chats aux aguets. Et toujours il en surgit de nouvelles. . . . . .

. . . .

XXVII

Mardi 23 avril.

Le bruit court que le *sultan des tholbas* est en fuite depuis cette nuit.

Il était roi éphémère, un peu en dehors des murs, dans sa ville improvisée, en toile blanche; à la porte de sa tente, il avait un simulacre de batterie de gros canons, imités avec des morceaux de bois et des roseaux. Il était, avec plus de dignité, quelque chose comme au moyen âge notre *pape des fous.*

Dans l'Université de Fez, conservée telle quelle depuis l'époque de la splendeur arabe, c'est un usage séculaire que, chaque année, aux vacances du printemps, les étudiants font dix jours de grande fête; se choisissent un roi (lequel achète son élection, aux enchères, avec force pièces d'or);

s'en vont camper avec lui dans les champs au bord de la rivière; puis rançonnent la population de la ville, pour pouvoir chaque soir se griser de musique, de chant, de couscouss et de tasses de thé. Et c'est avec une soumission souriante que les gens se prêtent à ces amusements-là; ils viennent tous, les vizirs, les marchands, les hommes de métiers, par corporations et bannières en tête, visiter le camp des *tholbas* et apporter des présents. Et enfin, vers le huitième jour, le sultan en personne, le vrai, vient aussi rendre hommage à celui des étudiants, qui le reçoit à cheval, sous un parasol comme un calife, et le traite d'égal à égal, l'appelant « mon frère ».

Ce sultan des *tholbas* est toujours quelqu'un des tribus éloignées, qui a une grâce suprême à demander pour lui-même ou pour les siens, et qui profite, pour l'obtenir, de ce tête-à-tête unique avec le souverain. Aussitôt après, de peur qu'on ne la lui reprenne, de peur aussi de représailles de la part des gens qu'il a fait bâtonner pour de bon, une belle nuit, clandestinement, il disparaît (ce qui est très facile au Maroc); à travers les campagnes désertes, il se sauve dans son pays.

A la fin de ces jours de liesse, les étudiants rentrent à Fez; ceux qui n'ont pas terminé leurs études reviennent habiter leurs cellules de travail, dans ces espèces de cloîtres étrangement pauvres qu'on appelle des *inederças* et qui sont, du reste, des lieux presque saints, interdits aux infidèles ; le sultan leur envoie là un pain par jour à chacun, et c'est presque tout leur ordinaire ; d'autres aussi reçoivent l'hospitalité chez des particuliers : il est très méri- toire pour une famille de loger et de nourrir un *tholba*. Tout le jour, ils vivent dans les mosquées, surtout dans l'immense Karaouïn, accroupis pour écouter les cours des savants professeurs, ou age- nouillés pour dire des prières. Ceux qui, après sept ou huit ans d'études, ont obtenu leur brevet de lettré et de marabout, retournent dans leur pays entourés d'un haut prestige. Comme je l'ai dit, ils sont quel- quefois venus de très loin, ces *tholbas* de Karaouïn ; ils sont accourus des quatre vents de l'Islam, attirés par la renommée de cette sainte mosquée, qui ren- ferme, paraît-il, dans sa bibliothèque, des livres sans âge et sans prix, accumulés là durant la grande époque arabe, apportés d'Alexandrie ou enlevés dans les couvents d'Espagne. — Et, lorsqu'ils s'en retour- nent dans les contrées éloignées d'où ils étaient partis, ils sont devenus des prêtres enclins à prêcher la guerre sainte ; ils ont « pris la rose » dans l'im- pénétrable mosquée. — C'est Karaouïn qui donne le mot d'ordre farouche à touté l'Afrique musulmane ; elle est dans le Moghreb comme un centre d'immobilité et de sommeil...

Parmi les sciences enseignées à Karaouïn, figurent l'astrologie, l'alchimie, la divination[1]. On y étudie les « nombres talismaniques », l'influence des étoiles et des anges, et d'autres ténébreuses choses qui sont momentanément disparues du reste de la terre — jusqu'au jour peut-être où, sous une autre forme, dégagées de leur merveilleux, elles y reparaîtront triomphantes, comme l'au-delà de nos sciences positives. Le Coran et tous ses commentateurs y sont longuement paraphrasés; de même, Aristote et d'autres philosophes antiques. Et, à côté de tant de choses graves ou arides, d'étonnantes mignardises de style, de diction, de gram-

---

1. Il y a, sur l'Université de Fez et sur la mosquée de Karaouïn, un livre très remarquable et très peu connu, que vient de publier à Oran un professeur d'arabe nommé M. Delphin. En collationnant avec un soin minutieux des révélations qui lui ont été faites par des marabouts de Tlemcen, d'Alger ou de Constantine, anciens élèves de Karaouïn, il est arrivé à reconstituer tout le fonctionnement de cette Université — qui doit être peu différente de ce qu'étaient autrefois celles de Bagdad et de Cordoue. J'ai pu vérifier l'exactitude de son livre et constater l'étonnement profond d'un *tholba* auquel on disait, sur la foi de cet auteur : « A tel moment du jour, dans telle salle de Karaouïn, vous étudiez telle science, commentée par tel professeur. »

maire, des subtilités du moyen âge que nous ne
savons plus comprendre — et qui sont comme ces
dessins si cherchés et si frêles recouvrant çà et là
les lourds bastions et les grands murs arabes,

Et, puisque j'en suis à parler de ces élégances
surannées, je cite ce début de réponse d'un vizir,
ancien élève de Karaouïn, à un diplomate étranger:

« Nous avons porté votre lettre à la connaissance
» de notre illustre maître (que Dieu le rende vic-
» torieux!). Nous nous sommes fait, en lisant, l'in-
» terprète de vos sentiments, en accentuant vos
» paroles avec art, la douceur d'une bonne diction
» étant plus suave que l'eau la plus limpide, plus
» subtile que le philtre le plus délicat. Dictée par
» les sentiments les plus affectueux, votre lettre
» nous a paru aussi agréable qu'un zéphyr rafraî-
» chissant, etc., etc. »

XXVIII

De grand matin, en me promenant sur mes terrasses — qui sont à compartiments, à recoins
étagés, — je découvre une nouvelle dépendance de
ce domaine des toits, communiquant avec la partie
déjà connue par un pan de mur que je n'avais pas
encore eu l'idée d'enjamber. C'est un nouveau
petit promenoir carré tout à fait choisi pour se
tenir à l'ombre pendant les premières heures du
jour, tandis qu'on est si bien sur l'autre pour
regarder coucher le soleil sur les lointains fuyants
de la ville basse.

J'ai, de ce nouvel observatoire, une vue toute
différente : d'abord des échappées indiscrètes sur
des maisons proches dominant la mienne, écha-
faudant leurs terrasses et leurs pans de murs sur

le ciel bleu; comme c'est le matin, les ménagères
de ces maisons-là ont, suivant l'usage, étalé sur
des cordes, au soleil et à l'air pur, des couvertures
rayées, des coussins bariolés, toute sorte d'objets
de literie qui viennent de servir pendant la nuit,
et dont les vives couleurs éclatent sur le gris fendillé des vieux murs; — au-dessus de ces choses,
un palmier lointain montre le petit bouquet de
plumes de sa tête, et, plus haut encore, grimpe un
morceau de montagne, tout bleui d'aloès, avec des
tombeaux, des ruines, des *koubbas* de saints personnages défunts, tout un cimetière perché au-
dessus de la ville... Je me promène et je regarde...
Mais voici, derrière un petit mur, à deux pas de
moi, un bout de chiffon doré qui brille, — et qui
remue, — puis qui monte doucement, doucément,
avec des précautions infinies : une *hantouze* de
femme! — (Une de més voisines évidemment qui a
entendu marcher et qui a la curiosité de savoir qui
ce peut bien être.) — Je ne bouge plus, subitement
pétrifié... La coiffure dorée monte toujours; — puis
voilà qu'émergent une ferronnière de sequins, —
des cheveux, — un front, — des sourcils noirs! —
deux grands yeux qui m'ont vu!!... Coucou! c'est
fini... Disparue, la belle, — comme à Guignol, une
marionnette qui retombe...

Je reste là cependant, devinant bien qu'elle n'est
pas partie... Et, en effet, de nouveau voici l'*hantouze* qui monte, qui monte, puis toute la figure,
cette fois, paraît, et effrontément me regarde, avec
un demi-sourire de curiosité scandalisée... Elle est
charmante cette voisine, entrevue dans ce mystère,
et avec cette coiffure d'or sur ce fond de ruines...
Mais vraiment nous sommes trop près l'un de
l'autre et j'ai tort de me tenir là; j'en suis gêné
moi-même, et, pour ne pas prolonger cette première présentation, je me retire sur ma terrasse
inférieure — où j'ai d'autres voisines déjà plus
apprivoisées.

Là, du reste, c'est bien moins intime; au lieu
d'un échafaudage de quelques maisons surmontées
d'un cimetière lointain, j'ai sous mes pieds tout le
panorama de Fez, avec ses jardins, ses murailles,
et le neigeux Atlas au fond du tableau; c'est un
immense décor complet, sur lequel mon indiscré-
tion, moins particularisée, me semble plus admis-
sible. Là, en général, quand je parais, les petits
murs d'alentour se garnissent de têtes de femmes,
toujours oisives et curieuses d'examiner le voisin
d'une espèce rare que je suis pour elles. Les airs
de gazelle effrayée, la sauvagerie des premiers
jours, ont disparu très vite; ce qui serait une énor-

mité d'imprudence coupable avec un musulman,
semble sans danger avec moi, qui ne le dirai à pér-
sonne, et qui, d'ailleurs, vais repartir bientôt pour
si loin, si loin, pour mon pays fantastique. L'essen-
tiel est que les maris n'en sachent rien. Et on me
regarde, on me sourit, on me fait : bonjour, bonjour!

Même on vient me montrer à petite distance
différents objets, pour savoir comment je les trouve,
des parures de bras ou de poitrine, des gazes
dorées pour recouvrir les *hantouzes*. — Et mes
gants sont un sujet d'étonnement extrême : « Oh!
as-tu vu? disent les belles, *il a des mains à deux
peaux!* » J'habite un quartier de riches; aussi toutes
ces femmes n'ont-elles du matin au soir rien à faire
qu'à amuser, à tour de rôle, leur époux.

L'une d'elles, qui appartient à un de mes voisins
les plus proches, a des allures de bête captive.
Elle passe des heures seule, assise en équilibre au
sommet aigu d'un mur, profilée sur le ciel; immobile et indifférente à tout, même à la curiosité de
me voir. Pas absolument jolie, surtout au premier
aspect, mais svelte et admirablement modelée,
jeune et étrange, avec des yeux d'ombre, que l'on
devine cernés par quelque troublante fatigue. Elle
est à son poste, ce matin, bras nus, jambes croisées
et nues aussi jusqu'aux genoux; à ses chevilles,

très fines, pèsent de lourds anneaux grossiers, et
de vieilles babouches quelconques tiennent mal à ses
pieds tout petits et exquis ; ses yeux sont plus
enfoncés que de coutume, plus mauvais, et on dirait
qu'elle a pleuré. Je suis sûr que c'est elle qui a reçu
cette nuit la bastonnade !... A travers mon mur,
j'ai entendu les coups, et, pendant une heure après,
des pleurs et des cris de rage...

Puis j'aperçois une figure nouvelle, une grande
jeune fille brune, tête nue avec de longues tresses
de cheveux admirables ; d'où vient-elle cette recrue?
Quel est le riche voisin qui a acheté sa jeunesse
ardente et ses reins superbes? Un profil droit et dur;
des yeux très allongés, à peine ouverts, obscurs et
sensuels ; un air hautain, un air sauvage ; son bras,
qui est nu, serait à lui seul une merveilleuse chose
à sculpter ou à peindre. Après une minute de
frayeur, elle prend, elle aussi, le parti de me regarder en face, semblant me dire : « Qu'est-ce que tu
fais là? pourquoi viens-tu gêner les femmes, dans
leurs domaines des toits? »

Alors, je retourne regarder l'autre, la solitaire,
qui fait toujours sa méchante et sa révoltée sur son
coin de mur.

Décidément elle a ce genre d'irrégularité et de
laideur de premier aspect qui finit quelquefois, à

la longue, par devenir pour nous le charme suprême. Elle a ces lèvres aux contours fins et fermes,
aux coins très profonds, qui sont souvent toute la
beauté attirante et mortelle d'un visage de femme.
Voici que l'idée qu'elle a été battue et qu'elle le sera
encore m'est extrêmement pénible, ce matin ; j'ai
une sorte de dépit à sentir entre nous de si redoutables barrières, quand nous sommes si près, nous
voyant chaque jour ; je voudrais pouvoir l'empêcher
de pleurer et de souffrir ; lui apporter seulement
un peu de bien-être physique et de repos.

Et c'est là, du reste, un genre de pitié dont je
ne me fais aucun mérite, mais qui me confond
plutôt ; car je me rends parfaitement compte que
je m'inquiéterais moins d'elle et de son chagrin si
elle n'avait pas cette bouche délicieuse...

La toute-puissante influence du charme extérieur
s'exerce sur ceux de nos sentiments qui devraient
en être le plus affranchis, — tellement que nous
pouvons être plus ou moins bons pour telle ou
telle créature, suivant son visage et sa forme...

Dix heures, le moment de s'habiller pour aller
déjeuner chez le ministre, à l'ambassade. Et c'est

un de mes amusements d'y aller en costume arabe : là, dans les allées du jardin d'orangers ou dans la cour aux arceaux dentelés, il fait beau promener ses burnous, ses cafetans, sur les pavés de faïence, et se prendre un moment pour un personnage d'Alhambra.

Le soleil a séché les boues de la ville et éclairci la teinte des vieux murs ; dans l'obscurité des petites rues, de longs rayons magnifiques tombent, çà et là, sur la blancheur des voiles ou des burnous qui passent.

Précédé d'un ou deux domestiques, en homme comme il faut, je sors de ma maison, avec la lenteur grave qui convient au lieu où je suis, au costume que j'ai adopté. Quand j'ai tiré, derrière moi, par son lourd frappoir, ma toute petite porte cloutée et bardée de fer, je fais grincer, dans la serrure vieille de plusieurs siècles, une clef qui pèse trois livres. Puis je m'en vais, d'abord par d'étroits passages couverts, qui semblent plutôt des chemins de ronde que des rues et où l'on devine pourtant, à je ne sais quelle transparence de la pénombre, le calme resplendissement de lumière qu'il doit y avoir ailleurs, là où le ciel paraît. Je rencontre deux ou trois passants qui marchent comme moi pieds nus, sans faire de bruit : au moment où nous nous croisons, chacun de nous se plaque au mur, effaçant les épaules, et cependant nos voiles se frôlent. Deux fois je tourne sur ma droite ; je traverse un petit bazar de fruits et de légumes, également couvert ; puis, sur ma gauche, j'arrive dans une rue plus large, à air libre, celle-ci, et où je vois enfin l'incomparable ciel bleu, entre deux rangs de vieilles murailles blanches qui sont des murailles de mosquées ; le côté du soleil est éblouissant ; le côté de de l'ombre est bleuâtre et comme cendré. Un peu abandonnées et en ruine toutes deux, la mosquée de droite et la mosquée de gauche ; mais, au milieu de leurs murs, informes sous les recrépissages et les couches de chaux, leurs portes sont demeurées intactes et délicieuses ; elles ont gardé leurs encadrements de mosaïques ; leurs rosaces, étrangement compliquées, ou bien toutes simples, comme de larges marguerites épanouïes ; leurs séries de dessins étoilés, dont les mille facettes de faïence brillent de couleurs très vieilles et pourtant très fraîches.

A quelques pas plus loin, le mur de l'ombre se crevasse du haut en bas, puis cesse, complètement éboulé, laissant voir une sainte cour où des morts dorment sous des dalles de mosaïques envahies par l'herbe et les pavots sauvages. Et d'ailleurs, en

passant là, il faut obliquer du côté du soleil, pour
éviter certaine cigogne sans cesse occupée à faire
son ménage, dans un immense nid au bout d'un
tout petit minaret, et qui vous jette sur la tête des
brins d'herbes sèches ou des plâtras... Oh! l'enso-
leillement, et l'immobilité, et le mystère, et le charme
de tout cela, comment le dire?...

C'est peut-être ce coin, maintenant si familier,
qui restera le plus longtemps gravé dans mon souvenir, sans qu'il me soit jamais possible d'expli-
quer pourquoi. Je ne sais d'où vient que j'ai un tel
enchantement à traverser chaque jour ce bout de
rue, sous ce soleil encore matinal, entre ces deux
vieilles mosquées. J'éprouve une sorte de jouissance
d'art à me représenter tout ce que ce lieu a de peu
accessible, de peu banal, et à y ajouter par ma
présence un détail de plus, qui serait noté par un
peintre; je crois que c'est surtout pour le plaisir de
passer là et de m'y prendre au sérieux dans des
vêtements de vizir, que j'ai ces fantaisies changeantes
de cafetan aurore ou de cafetan bleu pâle, voilé sous
des draperies blanches que retiennent des cordelières
en soie de couleurs très cherchées. Je m'applique
à être assez vraisemblable, ainsi costumé, pour que
les passants ne me regardent point, et hier, des montagnards berbères, me prenant pour un chef de la

ville, m'ont **ravi** en me saluant en arabe. Il y a
une grande dose d'enfantillage dans mon cas, je
suis forcé de le reconnaître; à ceux qui hausse-
ront les épaules, j'avouerai cependant que cela
ne me semble pas sensiblement plus bête que de
passer la soirée au cercle, de lire des proclama-
tions de candidats à la Chambre, ou de se com-
plaire aux adorables élégances d'une jaquette
anglaise, d'un veston...

Sorti, par un tournant sur la droite, de cette rue
préférée, j'arrive bientôt, à travers d'autres étroits
couloirs, à la petite porte basse de l'habitation du
ministre. Là, dès le seuil, je suis au milieu des
gardes, toujours les mêmes; au milieu des caïds,
des cavaliers, qui nous ont suivis depuis Tanger,
et qui ont dressé leurs tentes parmi les rosiers
fleuris du jardin, sous les orangers et sous le clair
ciel bleu. Personnages tous connus, qui viennent à
moi, souriants. Ils m'arrangent quelques plis de
mon haïk, de mon burnous, et veulent m'initier à
des raffinements d'élégance arabe, trouvant bien que
je m'habille comme eux, disant : « C'est bien plus
joli, n'est-ce pas ? » (Oh ! oui, assurément.) — Et
ils ajoutent : « Si tu t'habilles comme tu es là
en rentrant dans ton pays, tout le monde voudra
avoir des costumes du Maroc. » (Ça non, je ne

crois pas ; je ne me représente pas très bien, sur
les boulevards, cette mode se généralisant.)

Après le jardin délicieux, un corridor où, dès
l'entrée, j'entends le bruit de l'eau jaillissante, et
enfin j'arrive dans la grande cour intérieure à deux
étages, qui est la merveille du logis : un pavé
de mosaïques, où des milliers de petits dessins
bleus, jaunes, blancs et noirs, brillent d'un éclat
mouillé ; tout alentour, une série d'arcades mauresques festonnées en dentelles et, à l'étage su-
périeur, au-dessus de ces cintres et de ces
arabesques de pierre, une galerie en bois de cèdre
tout ajourée.

L'eau jaillit d'une vasque en marbre blanc qui est
au centre, et aussi d'une exquise fontaine murale,
plaquée à l'un des côtés. Cette fontaine est une sorte
de grande ogive de mosaïques où s'enchevêtrent
des dessins étoilés d'une forme rare ; une bande
de faïences blanches et noires encadre toute
la broderie de ces rosaces multicolores, et au-
dessus, en couronnement, des pendentifs d'une
blancheur neigeuse retombent comme des stalactites
de grotte.

Les appartements s'ouvrent sur cette cour par
d'immenses portes de cèdre ; intérieurement, les
murs en sont garnis, jusqu'à mi-hauteur, de ten-

tures mélangées, velours bleu et velours rouge, avec des broderies d'or imitant de grands arceaux.

****

Là, je retrouve le ministre, avec tous ses autres compagnons de voyage, et, à sa table, servie à l'européenne, un peu de la bonne gaieté de nos repas sous la tente. Un moment je reprends pied dans le monde moderne; il semble que ce palais (qui est celui d'un vizir délogé pour la circonstance) soit devenu un petit recoin de la France...

****

L'heure du café et de la cigarette d'Orient vient après ; cette heure passe à l'ombre d'une véranda à colonnes, devant le très vieux kiosque du jardin, enseveli sous la chaux blanche. Ici, l'on a vue sur le tranquille petit bois d'orangers entouré de hauts murs, et encombré, parmi les broussailles et les roses, de tentes bédouines.

XXIX

Jeudi 25 avril.

Je n'ai presque plus envie de rien écrire, trouvant de plus en plus ordinaires les choses qui m'entourent.

Quand je veux sortir, il me paraît tout naturel de descendre mon escalier noir; de rencontrer devant ma porte ma mule commandée d'avance, qui m'attend avec sa haute selle à fauteuil; de monter dessus du seuil même de ma maison, de peur de salir mes longues draperies blanches ou mes babouches dans la boue du dehors, et de m'en aller à l'aventure, par les étroites petites rues sombres.

Je m'en vais n'importe où, dans les quartiers déserts ou dans les foules, au bazar ou dans les champs.

Oh! le grouillement de ce bazar, le remuement

silencieux de ces burnous, dans cette demi-obscurité confuse!... Les petites avenues, en dédale, s'en vont de travers, recouvertes de vieilles toitures en bois, ou bien de treillages en roseau sur lesquels s'enroulent des branches de vigne. Et là, tout le long, s'ouvrent les boutiques, grandes à peu près comme des niches, dans lesquelles se tiennent accroupis les vendeurs à turban, impassibles et superbes au milieu de leurs bibelots rares. C'est par quartiers, par séries, que les boutiques de même espèce sont groupées. Il y a la rue des marchands de vêtements, où les échoppes miroitent de soies roses, bleues, orange ou capucine, de broderies d'argent et d'or, et où stationnent les dames blanches, voilées et drapées en fantômes. Il y a la rue des marchands de cuirs, où pendent des milliers de harnachements multicolores pour les chevaux, les mulets ou les ânes; toutes sortes d'objets de chasse ou de guerre, de formes anciennes et étranges, poires à poudre pailletées d'argent et de cuivre, bretelles brodées pour les fusils et les sabres, sacs de voyage pour caravanes, et amulettes pour traverser le désert.

Puis la rue des marchands de cuivre, où du matin au soir, on entend, sur des plateaux ou des vases, marteler des arabesques. La rue des brodeurs de babouches, où toutes les petites niches sont remplies de velours, de perles et d'or. La rue des peintres d'étagères ; celle des forgerons, nus et noirs ; celle des teinturiers aux bras barbouillés d'indigo et de pourpre. Enfin le quartier des fabricants de fusils, des longs fusils à pierre, minces comme des roseaux, dont la crosse incrustée d'argent s'élargit à l'excès pour embrasser l'épaule. (Les Marocains ne songent nullement à modifier ce système adopté par leurs ancêtres ; la forme des fusils est immuable en ce pays comme toutes choses, et on croit rêver en voyant fabriquer encore de telles quantités de ces armes du vieux temps.)

Elle bourdonne et grouille sourdement, la foule vêtue de laine grise, accourue de loin pour acheter ou revendre d'extraordinaires petites choses. Des sorciers font des conjurations ; des bandes armées passent en dansant la danse de guerre, avec des coups de fusil, au son des musettes tristes et des tambourins ; des mendiants montrent leurs plaies ; des nègres esclaves charroient des fardeaux ; des ânes se roulent dans la poussière. Le sol, de même nuance grisâtre que la foule, est semé d'immondices, de fientes d'animaux, de plumes de poules, de souris mortes, et tout ce monde, en babouches traînantes, piétine ces ordures.

Comme cette vie est loin de la nôtre ! L'activité

de ce peuple nous est aussi étrangère que son immobilité et son sommeil. A l'agitation de ces gens en burnous se mêle encore je ne sais quel détachement, quelle insouciance de tout, qui nous est inconnue. Les têtes encapuchonnées des hommes, les têtes voilées des femmes, poursuivent, à travers leurs marchandages, le même rêve religieux ; cinq fois par jour, ils font leur prière et songent avant tout à l'éternité et à la mort. Des mendiants sordides ont des yeux d'inspirés ; des pouilleux en lambeaux ont des attitudes nobles et des figures de prophètes...

— *Bâleuk! Bâleuk!* C'est l'éternel cri des foules arabes. (*Bâleuk!* signifie quelque chose comme : « gare ! »)

Bâleuk! quand passent en longues files les petits ânes, chargés de ballots tout en largeur qui accrochent les gens et les renversent. *Bâleuk!* pour les chameaux à l'allure lente, qui se dandinent au bruit de leurs clochettes. *Bâleuk!* pour les beaux chevaux de chefs, harnachés de merveilleuses couleurs, qui galopent et qui se cabrent. — Jamais on ne revient de ce bazar sans avoir été accroché par quelqu'un ou par quelque chose, heurté par un cheval ou sali par un ânon plein de poussière. — *Bâleuk!*

Des gens de toutes les tribus se mêlent et se
croisent : des nègres du Soudan et des Arabes
blonds ; des Berbères autochtones, musulmans sans
conviction, dont les femmes ne se voilent que la
bouche ; et des Derkaouas à turban vert, fanatiques
sans merci, qui détournent la tête et crachent à la
vue d'un chrétien. Tous les jours, on y rencontre
« la sainte » qui prophétise dans quelque carrefour,
les yeux hagards et les joues peintes de vermillon.
Et le « saint », un vieillard complètement nu, sans
même une ceinture, qui marche sans cesse comme
le Juif errant, très vite à travers les foules, dans un
empressement continuel, en marmotant des prières.
De loin en loin, un petit recoin à ciel ouvert,
une petite place où pousse un frais mûrier ou bien
un énorme tronc de vigne plusieurs fois séculaire
tordant ses branches comme un faisceau de serpents. Et puis, on passe devant les *fondaks*, qui
sont des espèces de caravansérails pour les marchands étrangers : grandes cours à plusieurs étages,
entourées de colonnades et de galeries en cèdre
ajouré, et affectées chacune à un genre spécial de
marchandises ; il y a le *fondak* des marchands
de thé et de bois des Indes ; celui des marchands de
tapis des provinces de l'Ouest ; celui des épices et
celui de la soie ; celui des esclaves et celui du sel.

Tout ce quartier du bazar est réputé peu sûr pour nous : il est considéré comme saint, à cause des mosquées de Karaouïn et de Mouley-Driss, qui y sont enclavées. Et même, aux abords de Mouley-Driss, la moins grande mais la plus sacrée des deux, les rues sont barrées à la hauteur de ceinture par de grosses pièces de bois, comme celles que l'on met aux champs pour arrêter les bêtes : nous devons nous garder de les franchir, au risque de notre vie ; les abords de cette mosquée, aussi vénérable en Islam que la Casbah de la Mecque, ne doivent être souillés jamais par les pas d'un Nazaréen, ni d'un juif.

A l'entrée de ce bazar, j'ai encore un recoin de prédilection, où chaque jour je laisse ma mule à la garde d'un de mes servants, pour la reprendre ensuite au retour, quand mes emplettes sont terminées.

Et c'est surtout au départ, au sortir du labyrinthe d'ombre, que le lieu dont je parle semble un lumineux décor des *Mille et une Nuits*. Là, tout à coup, s'élargit la rue étroite et obscure ; s'élargit en éventail, formant une sorte de place triangulaire où un rayon de soleil tombe d'un coin de ciel bleu. Le fond de cette petite place, — où plusieurs autres mules sellées attendent comme la mienne, au pied d'une treille centenaire, — est orné en son milieu d'une fontaine jaillissante : un arceau de mosaïques, qui est plaqué sur le mur d'angle d'une maison en saillie et d'où sortent deux jets d'eau tombant dans un bassin de marbre; — tout cela si antique, si déformé, si déjeté, qu'il n'y a pas de mots pour exprimer des aspects de vétusté pareils. — A droite de la fontaine, une ruelle pavée en casse-cou monte en pente raide et s'enfonce dans le noir sous une voûte écrasée et sinistre. (C'est par là que tout à l'heure nous allons disparaître, ma mule et moi, pour nous rendre à notre logis, dans les quartiers hauts du vieux Fez.) A gauche, une inimitable porte monumentale, plus belle qu'aucune porte de ville, qu'aucune porte de mosquée — et du reste ne menant plus nulle part, que dans une cour triste. C'est une immense ogive, enguirlandée des plus rares arabesques, des plus fines mosaïques. Au-dessus de cette entrée passe une large bande horizontale d'inscriptions religieuses, en faïences, lettres noires sur fond blanc. Au-dessus encore, une série de petites ogives alignées, et remplies chacune d'arabesques différentes, fouillées en bro-derie, en dentelle, — les unes à très grands dessins, alternant avec d'autres à dessins très petits, de façon à accentuer encore la variété savante de l'ornementation.

Et, plus haut encore, un indescriptible couron
nement en stalactites déborde sur la place, formant comme un linteau très saillant, comme une
marquise. Toutes ces stalactites, absolument régu-
lières et géométriques, s'emboîtent les unes dans
les autres, se recouvrent, se superposent en masses
d'une complication extrême; par endroits, on dirait
les mille compartiments d'une ruche d'abeilles;
ailleurs, plus haut, cela semble des pendeloques de
givre. Et l'ensemble de toutes ces choses si soigneusement travaillées forme des séries d'arceaux
d'une courbure charmante festonnés merveilleusement. Une couche de poussière terreuse éteint
les couleurs des faïences; toutes les fines sculptures
sont écornées, noirâtres, mêlées de toiles d'araignées et de nids d'oiseaux. Et cette porte de fées
donne naturellement l'impression d'une antiquité
extrême, comme du reste cette fontaine, cette place,
ces pavés, ces maisons croulantes, comme toute
cette ville, comme tout ce peuple... Du reste, l'art
arabe est tellement mêlé pour moi à des idées de
poussière et de mort, que je ne me le représente
pas bien aux époques où il était jeune, avec des
couleurs neuves...

En dehors du « bazar », le labyrinthe de Fez
devient plus sombre et plus désert; il y a peu de

voies à air libre; les berceaux de vigne et les toitures de roseau sont remplacées par des plafonds de bois, ou par des ogives de maçonnerie qui, de deux en deux mètres environ, traversent la rue, surmontées de pans de mur aussi élevés que le faîte des maisons, toujours tristes et closes. C'est comme si on cheminait au fond d'une série de puits communiquant ensemble par des arceaux; on n'aperçoit que par échappées le bleu ou le gris du ciel et il est impossible de s'orienter dans le réseau inextricable. Là encore, à côté de quartiers vides et morts, il y a des foules; là encore, le *bâleuk!* se fait entendre. *Bâleuk!* pour des gens graves et recueillis qui sortent de quelque mosquée après la prière. *Bâleuk!* pour des mules rétives, qui se sont arc-boutées en travers, refusant de reculer ou d'avancer. *Bâleuk!* pour des troupeaux de bœufs, qui courent à la file, la corne basse et menaçante, dans les petits passages obscurs à peine assez larges pour leurs gros corps...

XXX

Les premières heures de sommeil passées dans mon logis solitaire, j'entrevois un rayon de lune qui m'arrive librement du ciel, entre les battants disjoints de ma porte de cèdre ; puis dans le lointain de la nuit sonore, j'entends psalmodier, psalmodier, toujours à pleine voix aiguë et triste, des cris de foi ardente, des plaintes chantées qui sont comme l'expression de tout notre néant terrestre : il est deux heures du matin, et c'est la première prière de ce nouveau jour, que l'éternel soleil va revenir éclairer bientôt. C'est comme un immense cantique à Allah, cantique de rêve, tantôt exalté, tantôt lent et plaintif ; et lugubre toujours, lugubre à faire frémir, les *mouedzens* ayant, comme les musettes arabes, emprunté aux chacals un peu du timbre de leur voix...

Longtemps, longtemps, ce chant des mosquées plane sur les tranquillités grises de la ville endormie... Puis le silence revient, le silence mort...

Les dernières heures de la nuit passent. Dans le calme très frais de l'extrême matin, à pointe d'aube, mêlées au chant des coqs, les voix de ces hommes recommencent à psalmodier, dans une exaltation croissante de prière : il est cinq heures et c'est le second office d'aujourd'hui ; il est l'heure aussi où le sultan-prêtre, tout de blanc vêtu, se lève dans son palais, pour commencer son austère journée religieuse...

Puis un coup de canon lointain annonce le jour, le jour sanctifié du vendredi ; puis un hymne général, puis des musettes qui commencent à gémir, des tambourins qui commencent à battre... La nuit est finie et le soleil est levé...

Seul, le matin de bonne heure, vêtu en Arabe, et à pied, bien que ce soit très bourgeois, je m'en vais au bazar, acheter de l'eau de rose et du bois odorant des Indes, afin de parfumer ma maison comme il est d'usage. — Et jamais je ne m'étais fait aussi complètement que ce matin l'amusante illusion d'être quelqu'un de Fez.

Le bazar, qui vient à peine d'ouvrir ses milliers de petites boutiques, est encore tranquille et presque désert ; les claies en joncs et les pampres toutes neuves des vignes, qui le recouvrent d'une interminable suite de berceaux, laissent filtrer du soleil matinal, tamisent de la lumière fraîche et gaie. Ces parfums, que je suis venu chercher, se vendent dans le même quartier que les soies non tissées et les perles. Et ce quartier est le plus coloré du bazar — dans le sens propre du mot couleur. — En longue et étroite perspective, dans l'enfilade des petites rues, s'alignent des milliers de choses accrochées aux couvercles relevés des niches où les vendeurs se tiennent blottis : ce sont des écheveaux de soie innombrables et des écheveaux de fils d'or ; ce sont des masses de perles dorées ou de perles roses ; ou bien de ces cordelières à glands (pour suspendre au cou des hommes les sabres ou les livres pieux) qui sont, comme je l'ai déjà dit, une des grandes élégances du costume arabe. Et des personnages, très nobles et très beaux sous leurs capuchons de moines blancs, se promènent sans bruit, en babouches, choisissant parmi tant de cordelières pendues, telle nuance qui s'harmoniserait bien avec tel costume.

Puis voici devant une boutique de jouets d'enfant, une vieille grand'mère, voilée en fantôme mais aux yeux très bons, qui marchande une drôle de poupée pour sa petite-fille, bébé de quatre ou cinq ans, adorable avec des yeux de jeune chat angora, et des cheveux, des ongles déjà teints de rouge henné... Ce matin, tout se présente à moi sous des dehors de tranquillité et de naïve bonhomie. D'ailleurs tout le mystère, tout le sombre qui à première vue semble envelopper les choses tombe bien vite dès qu'on se familiarise avec leur aspect. Je connais maintenant chaque recoin de ce bazar; et certains marchands, quand je passe, me disent bonjour, m'invitent à m'asseoir.

Involontairement, je suis ramené toujours dans les ruelles noires qui font le tour de Karaouïn. Là encore le mystère est bien tombé, et l'impression si étrange du premier jour ne se retrouve plus; je stationne devant les portes, regardant longuement à l'intérieur; pour un peu j'entrerais; j'ai peine à me figurer que cela pourrait me coûter la vie; je trouverais tout naturel de venir m'agenouiller à côté de ces gens dont je porte le costume.

Ils sont très variés les aspects de Karaouïn, suivant les différentes entrées par lesquelles on regarde; je ne m'étonne pas qu'à première vue nous n'ayons rien démêlé de l'ensemble; c'est une sorte

d'amas de mosquées, d'époques et de styles différents, c'est une ville de colonnes et d'arceaux de
toutes les formes arabes. Tantôt des cintres lourds,
écrasés sur des piliers trapus, se succédant en pers-
pectives sans fin, avec d'innombrables lampes sus-
pendues dans l'obscurité des plafonds ; tantôt des
cours, inondées de soleil, à voûte de ciel bleu,
entourées de hautes colonnes frêles et d'arcades
infiniment dentelées, d'un dessin toujours rare et
exquis. Et jamais Karaouïn n'a été si beau qu'aujourd'hui, sous cette éblouissante lumière matinale,
qui rayonne et pénètre partout, claire et blanche,
faisant briller les marbres, les mosaïques sans fin,
les gerbes d'eau des fontaines.

L'une des portes, dans l'ombre de laquelle je
m'arrête de préférence, donne sur la plus grande
et la plus merveilleuse de ces cours, pavée de
faïence et de marbre. Il y a, sur les côtés, des petits
kiosques qui s'avancent, plutôt des petits dais, rappelant, en plus beau, ceux de la célèbre « cour des
Lions » à l'Alhambra ; ce sont les mêmes groupe-
ments de colonnes légères, soutenant d'indescriptibles
arcades ajourées qui semblent faites d'une superpo-
sition patiente de pendeloques de givre ; — le tout
rehaussé d'un peu d'or, mourant sous la poussière
des siècles, et d'un peu de bleu, d'un peu de rose.

de je ne sais quelles autres couleurs pâlies. Et, sur les montants tout droits, tout plats et d'une raideur voulue, qui séparent ces portiques festonnés, des couches de sculptures, d'une finesse et d'un dessin inimitables, s'étalent et s'enroulent, fouillées à des profondeurs différentes ; on dirait de vieilles dentelles de fées dont on aurait accroché là plusieurs doubles les uns par-dessus les autres.

Cela semble léger, léger, tous ces kiosques, léger comme des petits châteaux qu'on aurait créés pour des sylphes dans des nuages, avec des facettes cristallisées de grêle et de neige. Et, en même temps, la raideur droite des grandes lignes, l'emploi unique des combinaisons de la géométrie, l'absence de toute forme inspirée de la nature, des animaux ou des hommes, donnent à l'ensemble quelque chose d'austèrement pur, d'immatériel, de *religieux*.

Le soleil tombe à flots dans cette cour, toutes les mosaïques, toutes les faïences brillent de reflets nacrés ; la gerbe d'eau bruissante qui jaillit de la fontaine du milieu a des teintes changeantes d'opale ou d'iris, et se détache sur le fond délicieusement compliqué d'une grande porte intérieure, qui est, ainsi que les kiosques des côtés, en dentelles d'Alhambra. — Et, comme c'est vendredi, tout un peuple de burnous blancs est prosterné sur les dalles, en immobile prière.

De l'ombre du dehors, de l'espèce de nuit du chemin de ronde, où je suis obligé de rester caché, dans une incomplète sécurité, — toutes ces choses défendues prennent à mes yeux des airs d'enchantement.

** **

La « Sainte » s'est acharnée après moi, ce matin. Vêtue de loques de soie orange, les joues vermillonnées, les yeux dilatés et fous, elle me suit obstinément au sortir du bazar, en proférant à haute voix des choses incompréhensibles, qui me semblent être plutôt des bénédictions : évidemment elle s'est trompée à mes allures et à mes vêtements. Et, inquiet de la sentir derrière moi, je lui jette des pièces de monnaie pour qu'elle me laisse passer mon chemin...

** **

Une heure après, sur la place du Marché. — L'heure bruyante, — l'heure des affaires et de la foule.

Sur cette grande place, qui est une sorte de plaine carrée, s'agitent les burnous et les voiles, toute la

15

foule encapuchonnée et masquée, blanchâtre ou
grise, à laquelle les bergers en sayon de poil de chameau mêlent çà et là des tons bruns, et les ânes, des
tons roux. Des femmes, par centaines, sont assises à
terre, marchandes de pain, marchandes de beurre,
marchandes de légumes, à visage invisible, enveloppé
de mousseline. Et, derrière cette grande place et cette
foule, il y a les hautes murailles de Fez, qui se
dressent sombres et gigantesques, écrasant tout, les
pointes de leurs créneaux découpées sur le ciel. Naturellement on entend les tambourins, les musettes.
Çà et là, les capuchons pointus se pressent les uns
contre les autres, font cercle compact autour de
captivants spectacles : il y a les charmeurs de serpents; il y a les gens qui s'enfoncent des lardoires
dans la langue; ceux qui s'entaillent le crâne; ceux
qui se retirent l'œil de l'orbite avec une palette de
bois et se le déposent sur la joue; toute la bohème
et toute la truanderie. A moi, qui vais partir après-
demain, ces choses déjà familières sembleront bientô
très étonnantes, quand je serai revenu dans notre
monde moderne, et que je me les rappellerai de
loin. En ce moment, je suis vraiment quelqu'un
d'une époque passée, et je me mêle le plus naturellement du monde à cette vie-là, en tout semblable,
je pense, à ce que devait être la vie des quartiers

populaires à Grenade ou à Cordoue, du temps des Maures.

Demain mon dernier jour. Je laisserai à Fez l'ambassade, qui y est retenue par des lenteurs politiques, et m'en irai seul, avec le capitaine H. de V***, en petite caravane intime, ce qui sera amusant et presque un peu aventureux. Nous nous en irons vers Mékinez, l'autre sainte ville encore plus délabrée et plus morte, et de là vers Tanger l'infidèle où, brusquement, finira notre rêve de passé et d'Islam. Je n'ai pas eu le temps de m'attacher à mon gîte musulman d'ici, qu'il va falloir quitter et oublier, comme j'ai oublié déjà tant d'autres gîtes exotiques semés partout sur la terre. Cependant je m'y serais attardé volontiers une ou deux semaines de plus. Avec quelques tapis, quelques vieilles tentures et quelques armes, il était tout de suite devenu très bien, tout en ne perdant pas ses petits airs de mystère, ses abords difficiles.

XXX

Samedi 27 avril.

Nous sommes invités à déjeuner chez le caïd
El-Méchouar (l'introducteur des ambassadeurs). Et
nous nous y rendons à cheval, précédés de ses gardes
à large turban, à canne énorme, qu'il a envoyés
au-devant de nous jusqu'à nos portes.

La grande cour de sa maison est encore plus
belle que celle du vizir de la guerre. Elle est plus
ancienne surtout, et les années, les siècles, en ont
atténué, avec leur effacement inimitable, les couleurs
et les ors.

Des rangées de portiques intérieurs donnent accès
sur cette cour. Leurs couronnements en bois de
cèdre sont composés de ces milliers de petits compartiments géométriques juxtaposés, qui donnent
l'impression des rayons de cire patiemment cons-

truits par les abeilles ; mais, à l'arrangement général de ces innombrables petites choses, un je ne sais quoi a présidé, qui est le génie de l'art arabe et qui en fait un ensemble harmonieusement simple. Tous ces dessus de porte, quand nous entrons, sont chargés, comme des balcons très larges, chargés à se rompre, de femmes voilées de blanc, qui se penchent, silencieuses, pour nous regarder.

La cour, naturellement, est pavée de mosaïques et de marbre, avec, au milieu, une fontaine jaillissante. Elle est toute remplie, toute vibrante d'une musique exaltée, à la fois rapide et grave : voix humaines très hautes, accompagnées de cordes puissantes, de tambourins et de castagnettes de fer. Nous reconnaissons le même orchestre qui était l'autre jour chez le vizir de la guerre; c'est, du reste, un de ceux du sultan qui le prête pour nous faire honneur.

Il est étonnamment beau, le caïd El-Méchouar, notre hôte. La description du personnage de Mâtho, dans *Salammbô* : « Un Lybien colossal, etc...», lui conviendrait en tout point; d'une taille et d'une largeur surhumaines, avec des traits et des yeux admirables; une barbe déjà grise et une peau très foncée indiquant, malgré la régularité du profil, un mélange de sang noir. Du reste, la beauté est la principale condition exigée pour être caïd El-Méchouar ; ce poste est presque toujours donné, paraît-il, à l'homme le plus superbe du Maroc.

Comme son collègue de la guerre, ce vizir ne se met pas à table avec nous, un bon musulman ne devant point manger avec des nazaréens. Il se contente de s'asseoir à l'ombre, près de la salle où notre couvert est dressé, et de veiller à ce que ses esclaves, ahuris par notre présence, nous apportent des montagnes de couscouss et de viandes.

Pendant le repas monstre, je fais face à la belle cour qui m'apparaît tout entière par la haute ogive dentelée de la porte. Les esclaves du Soudan, à grandes boucles d'oreilles et à bracelets, la traversent dans une incessante agitation, portant sur leur tête les plats gigantesques, surmontés de leurs toitures comme des pignons de tourelles. Les mosaïques des pavés étincellent de lumière. Çà et là, au milieu des hautes murailles, par les meurtrières percées, on voit confusément briller les yeux des femmes. Le mur du fond, qui se dresse en écran contre le soleil, est couronné de têtes voilées qui nous regardent. Et la musique, dans une exaltation extrême, répète, répète sans cesse, en les précipitant de plus en plus, les mêmes phrases monotones qui, à la longue, bercent, magnétisent, amènent une ivresse.

*
*   *

Deux heures de l'après-midi, l'ardeur du soleil. — Comme je pars demain, je me promène à cette heure brûlante, ayant mille choses à faire pendant cette dernière journée.

J'ai d'abord à aller dans la ville murée des juifs, où des vieux horriblement sordides, d'une laideur rusée et inquiétante, détiennent, au fond de leurs bouges, des bijoux anciens, des armes rares, des étoffes introuvables même au bazar, que j'ai envie de leur acheter.

Elle est très loin de chez moi, la ville des juifs ; elle longe, en bande étroite, le côté sud de Fez-le-Neuf, et j'habite dans Fez-le-Vieux, d'où il me faut d'abord sortir.

Je suis à cheval, escorté d'un garde rouge.

Deux heures de l'après-midi, par une des journées les plus chaudes que nous ayons encore eues. Les vieux murs de terre semblent s'effriter sous le dévorant soleil, les vieilles lézardes des maisons semblent s'allonger et s'ouvrir. Les petites rues sont désertes, entre leurs deux rangées de ruines mortes, qui se chauffent et se fendillent. Les pavés, les vieux cailloux noirs, polis par les pieds nus ou les babouches de plusieurs générations arabes, montreut par places leurs têtes brillantes, entre les pailes desséchées et la poussière. Et il y a, sur toute la ville somnolente, cet accablement silencieux qui est particulier aux moments où le soleil éblouit et brûle.

Un peu d'ombre et de fraîcheur, en passant sous les triples portes très épaisses des remparts. Dans les recoins de ces portes, des barbiers sont installés par terre, en train de tondre des gens de la campagne, crépus, à l'air sauvage, — dont l'un tient par les cornes, pendant qu'on le rase, deux béliers noirs. — Et, dans un autre recoin, un praticien « tire du sang » à un berger (comme autrefois la saignée chez nous, cela guérit de tous les maux, et cela se fait derrière la nuque, en entaillant avec un rasoir jusqu'à l'os du crâne). Aujourd'hui, plus encore que de coutume, je me sens frappé de la sauvagerie de ces abords de Fez, de leur silence, de leur air de morne abandon...

Et, les portes franchies, tout de suite commence un brûlant désert sans routes, aujourd'hui sans un être humain, sans une caravane. Voici le lieu qui était si peuplé et si brillant le matin de notre pompeuse arrivée; on y entend à peine, à présent, la petite voix triste des sauterelles. Murs de la ville et murs du palais se dressent partout vers le ciel, dans une confusion grandiose, avec leurs créneaux, avec le hérissement de leurs pointes de pierre; tout droits, tout pareils, mornes et sombres depuis le bas jusqu'en haut, arrivant à produire une impression de beauté à force d'être gigantesques. Et rien à leurs pieds; de ce côté-ci de la ville, rien à l'entour, ni une maison, ni un arbre, ni une tente, ni un groupe humain : eux seuls, les murs, debout et immenses en stature verticale. L'implacable soleil d'aujourd'hui accentue leur vieillesse extrême, leurs lézardes, leurs crevasses ; par place ils sont démantelés, ébréchés, et leur base est rongée.

Et d'autres enceintes complètement en ruine, d'une désolation infinie, partent de ces remparts, se ramifient, prolongent la ville dans la compagne déserte, puis finissent par se confondre avec les roches, les éboulements, les fondrières, tout le chaos de ce vieux sol fouillé et refouillé pendant des siècles. Le temps a couvert ces murs de lichens d'un jaune éclatant, qui font sur le gris foncé des pierres comme un semis de taches d'or; sous le bleu profond du ciel, l'ensemble est d'une nuance chaude et ardente, avec des chamarrures de brocart.

15.

Dans la partie tout à fait croulante, dans les enceintes secondaires qui ne servent plus à rien, il y a des portes, de forme exquise comme toutes les portes arabes, et entourées de mosaïques visibles encore entre les plaques jaunes des lichens; elles donnent accès dans des espèces de préaux tristes, où l'on ne trouve que de l'herbe et des sauterelles.

Et, tandis que je contourne à cheval ces débris de remparts, sous le grand écrasant soleil, une de ces portes m'arrête comme la chose la plus délicieusement arabe que j'aie encore jamais vue, et la plus étrangement mélancolique : au milieu de cent mètres de monotone et formidable muraille, elle ouvre son ogive isolée, qu'encadrent des dessins mystérieux; et, à côté, un vieux dattier solitaire élève tout droit son bouquet de palmes jaunies...

A cent mètres plus loin, le camp du sultan m'apparaît: ses tentes font là-bas dans la campagne des amas ou des semis de choses très blanches, au milieu des terrains roux et des lointains bleus, — et je vois trembler dans l'air chaud toutes ces blancheurs. Il s'est considérablement augmenté depuis ma dernière visite. Au complet, il a, dit-on, six kilomètres de tour et contient trente mille hommes.

La tente du calife est au milieu, haute et immense. On ne voit que le mur de toile appelé *tarabieh*, qui lui sert d'enceinte, masquant tout (même à la guerre, la demeure du calife doit rester une chose cachée). Derrière ce mur, c'est, il paraît, toute une petite ville; outre le logement particulier du souverain et ses dépendances, il y a celui de l'enfant favori, du petit Abd-ul-Aziz; puis ceux d'un certain nombre de dames du harem désignées pour faire partie du voyage.

Dès que la tente du sultan sort des greniers du palais et commence à se monter en dehors des murs, la nouvelle s'en répand dans le Maroc entier, par les caravanes qui passent, et surtout par ces piétons rapides qui marchent nuit et jour à travers les montagnes ou les rivières pour porter des lettres et des nouvelles, faisant l'office de nos courriers. Toutes les tribus sont informées bientôt que le souverain va partir en guerre, et les rebelles se préparent à la résistance.

On sait que le sultan vit généralement six mois de l'année sous la tente, nomade par nature comme ses ancêtres d'Arabie, guerroyant sans cesse dans son propre empire contre ses tribus révoltées qui ne le reconnaissent que comme calife religieux, mais pas toujours comme souverain, et dont quelques-unes même (les Zemour par exemple et les peuplades du Riff) n'ont jamais été soumises.

Cette fois-ci, le sultan ne reviendra à Fez qu'au bout de quatre ans. Dans l'intervalle de ses razzias armées et de ses moissons de têtes, il se reposera dans ses deux autres capitales, Mékinez et Maroc, où il possède comme ici des palais et d'impénétrables jardins.

Du reste, depuis la semaine dernière, celles de ses femmes qui ne doivent pas faire partie de son train de voyage ont été expédiées en avant, à dos de mule et en trois étapes, dans les sérails murés de Mekinez...

****

... J'aurai toujours assez de temps à passer dans cette sordide ville des juifs, qui était cependant le but de ma promenade, et l'envie me vient de pousser une dernière pointe dans la montagne qui domine Fez-le-Vieux.

Par de petits sentiers de rochers, mon cheval y grimpe hardiment, avec des velléités de galop. Et très vite nous voici montés, respirant une brise plus vive et plus fraîche, qui passe sur des tapis de fleurs et les agite. De distance en distance, il y a des arbres dans des replis de terrain ; dans des espèces de petites vallées, il y a des bouquets d'oliviers, à l'ombre desquels des bergers moricauds chantent des chansons pastorales à leurs chèvres dans le silence morne d'alentour. Surtout il y a des tombes, des tombes partout, des tombes bien antiques, parmi des herbages et des aloès. Il y a des *koubas* de saints, des ruines vénérées dont les portiques sveltes sont hantés par des peuplades d'oiseaux. Puis il y a le kiosque historique, qui fut bâti par un sultan d'autrefois et qui lui coûta le trône : les gens de Fez, toujours frondeurs, s'étant irrités de ce que, de là-haut, il voyait, le soir sur les terrasses, toutes leurs femmes.

Toutes les terrasses, en effet, m'apparaissent d'ici, milliers de promenoirs grisâtres, vides à cette heure d'éblouissant soleil. Je domine la ville sainte, ses longues lignes de murs délabrés, ses bastions, ses créneaux, ses minarets verts et ses rares palmiers. Deux ou trois groupes d'ânons et de chameaux, qui s'en vont à la file vers je ne sais quelle contrée du sud, animent seuls ses abords solitaires. Une lumière immense tombe, tombe à flots sur tout cela ; il y a seulement quelques petits nuages ouatés, perdus çà et là dans le bleu sans fin du ciel.

Et aucun bruit ne monte de cette ville, sur laquelle plane toujours la même immobilité, la même torpeur...

*
* *

Je m'en vais chez ces juifs, décidément, à la recherche des vieilles tentures et des vieilles armes. Comme dans notre Europe du moyen âge, ce sont eux qui détiennent non seulement l'or, les fortunes, mais aussi les pierreries, les bijoux anciens, dans leurs coffres, et aussi toutes sortes de vieilles choses précieuses que des vizirs, des caïds endettés, ont fini par laisser entre leurs mains. Et, avec cela, affectant des dehors de misère; dédaignés par les Arabes encore plus que par les chrétiens; vivant cachottiers, enfermés dans leur quartier étroit et obscur, craintifs et sans cesse en garde pour leur vie.

Redescendu de la lumineuse montagne où dorment, sous les fleurs, tant de saints et de derviches, je contourne longtemps les murs étonnamment vieux de Fez-le-Neuf — par des sentiers d'abord dénudés, puis bientôt verdoyants, ombreux, avec des mûriers, des peupliers qui ont encore leurs feuilles toutes petites et toutes fraîches d'avril; avec des ruisseaux clairs où trempent des joncs, des iris et de grands liserons blancs.

Les remparts des juifs sont aussi hauts et aussi crénelés que ceux des Arabes, leurs portes ogivales sont aussi grandes, avec les mêmes battants lourds bardés de fer. On ferme ces portes de bonne heure chaque soir; des gardes d'Israël, à l'air méfiant, se tiennent dans les embrasures, ne laissant passer personne de suspect; on sent qu'on vit dans cet antre en crainte perpétuelle des voisins, Arabes ou Berbères.

Et, devant leur entrée de ville, est le dépôt général des bêtes mortes (une galanterie qu'on leur fait): pour arriver chez eux, il faut passer entre des tas de chevaux morts, de chiens morts, de carcasses quelconques, qui pourrissent au soleil, répandant une odeur sans nom; ils n'ont pas le droit de les enlever, — et il y a grand concert de chacals le soir sous leurs murs. — Dans leurs rues étroites, étroites à ne pouvoir passer, ils n'ont pas le droit non plus d'enlever les immondices rejetées des maisons; pendant des mois s'entassent les os, les épluchures de légumes, les ordures, jusqu'à ce qu'il plaise à un édile arabe de les faire déblayer moyennant une grosse somme d'argent. — Dans ce quartier humide et obscur, il y a des puanteurs moisies tout à fait spéciales, et les visages des habitants sont tous blêmes.

Deux ou trois personnages postés à cette entrée de ville me regardent arriver, curieux de ce que je viens chercher chez eux, me dévisageant avec des yeux roués et cupides, flairant déjà quelques affaires à conclure; des figures chafouines, longues, étroites, blanchâtres; des nez minces qui n'en finissent plus, et des cheveux longs et rares, — en tire-bouchons épars, crassissant des robes noires qui collent aux épaules pointues...

Tant pis pour les étoffes précieuses et les vieilles armes. J'ai un regret d'aller m'enfouir dans ces bouges à moisissure, chez des êtres si laids, une veille de départ, un si beau dernier soir, quand le soleil dore si radieusement les tranquillités de la ville musulmane et de ses vieux murs grandioses.

Je tourne bride, à cette porte des Juifs, pour m'en aller du côté du palais du sultan. J'arriverai à l'heure où tous les grands personnages, de blanc vêtus, sortent après l'audience du soir, pour rentrer dans leurs demeures, à Fez-Bâli, et je verrai encore une fois ce défilé de figures d'un autre âge, dans le décor admirable des grandes cours murées et des grandes ruines.

*
* *

De nouveau, voici ces abords du palais; les

murs et les murs, tous droits, farouches et pareils.
Voici les séries de cours lugubres, qui sont vides
et grandes comme des champs de manœuvre, et
qui paraissent presque étroites, tant sont élévées
les murailles qui les ferment. Pour avoir le sentiment de leurs dimensions, il faut regarder les
hommes, les rares fantômes blancs qui y passent,
et qui y semblent étonnamment diminués.

Le soleil baisse déjà quand nous arrivons, mon
garde et moi, dans la premières de ces enceintes;
elle est déjà pleine d'ombre. Les hauts murs, les
hauts murs sombres, masquant tout, font subitement baisser la lumière comme des écrans immenses; avec leurs alignements de pointes aiguës,
ils ont l'aspect menaçant et cruel. Au milieu de la
muraille du fond, la grande ogive qui mène
plus avant dans ces repaires s'ouvre là-bas, flanquée de ses quatre tours carrées, qui montent tout
d'une pièce, imposantes à la façon du donjon de
Vincennes, avec quelque chose de plus mé-
chant à cause de leur couronnement de pointes de
pierre.

Le sol de cette cour est semé de cailloux, de
débris quelconques, avec des trous, des ossements;
deux ou trois chameaux s'y promènent en quête
d'herbe rare, ayant l'air tout petits au pied de si

hautes et grandes choses; perdu dáns un coin, il y
a aussi un campement de tentes blanches comme
un village de pygmées; — et trois personnages
drapés de burnous, qui sortent, là-bas, de l'obscurité de la grande porte, me paraissent lilli-
putiens. En l'air il y a les inévitables cigognes,
qui traversent le carré vide découpé au ciel par
les dents d'ombre des créneaux. Et des milliers,
des milliers d'oiseaux, d'un noir luisant, sont plaqués en grappes contre les murs, se touchant tous,
se poussant, grimpant les uns sur les autres, formant des taches grouillantes, comme ces couches
épaisses de mouches qui s'abattent l'été sur les
choses immondes. — Et tandis que je m'arrête
pour regarder ces amoncellements de petites ailes
et de petites griffes, les trois graves personnages
qui arrivaient là-bas se sont rapprochés de moi :
des vieillards qui sourient avec bonhomie et me
donnent, sur ces oiseaux, des explications arabes
que je ne comprends pas. — (Cette affabilité de
passants quelconques pour un nazaréen inconnu
n'est pas banale, en un tel pays; c'est mon excuse
pour conter une si insignifiante aventure.)

Je me dirige vers cette porte du fond : elle me
mènera dans une seconde enceinte, d'ordinaire plus
animée, où se tiennent chaque jour les vizirs vêtus

de blanc qui rendent la justice au peuple... Oh!
ces portes arabes, variant à l'infini leurs dessins
mystérieux, — comment dire le charme qu'il y a
pour moi dans leur seul aspect, l'espèce de mélancolie religieuse, de rêverie de passé, qu'elles me
causent toutes : isolées au milieu de murs attris-
tants comme des murs de prison; ayant dans leur
forme ogivale, ou festonnée, ou ronde, un je ne
sais quoi indéfinissable qui demeure toujours le
même, au milieu de la plus fantaisiste diversité ;
puis toujours encadrées de ces fines ornementa-
tions géométriques, dont l'élégance rare a quelque
chose de sévère et d'idéalement pur, de mystique
au suprême degré...

La nouvelle enceinte où cette porte me conduit,
après une voûte obscure, est aussi grande, et imposante, et farouche que la première. Mais elle est,
comme je m'y attendais, pleine de monde, et les
abords en sont encombrés de chevaux, de mulets,
sellés à fauteuils, que l'on tient en main. C'est
qu'au fond, sous de vieilles ogives formant niches
de pierre, les ministères fonctionnent, presque en
plein vent, et avec très peu d'écrivains, très peu
de papiers.

Sous l'un de ces arceaux se tient le vizir de la
guerre. Sous l'autre, le vizir de la justice rend sur

l'heure des jugements sans appel; autour de lui, des soldats, à grands coups de bâton, écartent la foule, et les accusés, les prévenus, les plaignants, les témoins, sans distinction aucune, lui sont amenés de la même façon, empoignés à la nuque par deux gardes athlétiques.

Ces parages étant réputés peu sûrs pour les nazaréens, je m'arrête à l'entrée pour ne pas amener de complications diplomatiques.

Du reste, à cette heure, c'est fini, comme je m'y attendais. L'un après l'autre, les vizirs, soutenus par des serviteurs, s'asseyent sur leurs mules pour s'en retourner chez eux. Barbes blanches, longs vêtements blancs, longs voiles blancs; ils montent des mules blanches à selle de drap rouge, chacune tenue par quatre esclaves tout de blanc vêtus, avec de hauts bonnets rouges. Et, tandis que la foule s'écarte, ils s'en vont au pas tranquille, superbes comme de vieux prophètes, le regard en rêve sombre, neigeux dans leur blancheur, sur le fond des grands remparts, des grandes ruines... D'ailleurs, le soleil baisse, et, comme chaque soir, un vent froid se lève sous le ciel subitement jauni, s'engouffre dans les hautes ogives, siffle sur les vieilles pierres...

Derrière les vizirs, je rentre aussi. Une dernière

fois je veux voir les merveilles de ma terrasse à l'heure du saint Moghreb.

*
* *

Là-haut, sur ma maison, c'est le même enchantement que chaque soir : la ville, tout en or jaune ou rose, les plus proches terrasses séparées de moi par une insaisissable vapeur bleuâtre, et les terrasses lointaines, les milliers de carrés de pierre en teintes irisées qui se dégradent, dévalant sur les collines, comme des choses éboulées, jusqu'à la ceinture des remparts et des jardins verts. Toutes les négresses esclaves sont là, à leurs postes, figures noires et souriantes, coiffées en mouchoirs clairs, blancs ou roses. Et aussi toutes mes belles voisines à haute hantouze, accoudées, étendues ou fièrement droites, très gracieuses de pose et très éclatantes de couleur, avec leurs larges ceintures cartonnées, leurs longues manches tombantes, et tout ce qui flotte derrière elles, de foulards d'or et de cheveux dénoués. Et une fois de plus, comme depuis des siècles et des siècles, la grande prière retentit encore en voix tristement prolongées, tandis que les neiges de l'Atlas s'éteignent sur le jaune pâli du ciel...

* * *

Après dîner, à la nuit, aux lanternes, je sors par
extraordinaire, pour aller, avant l'heure où se ferment les portes des quartiers, dire adieu au ministre
et à l'ambassade : ils doivent rester, eux, je ne sais
combien de temps encore.

C'est au petit jour demain matin, que nous devons partir, le capitaine H. de V*** et moi. De la
part du sultan, on nous a donné à chacun une tente,
une mule choisie, une selle arabe; plus, une tente
pour nos serviteurs, un caïd pour nous guider,
huit mules et muletiers pour porter nos bibelots
et nos bagages...

Aux lanternes aussi, je trouve l'ambassade ins-
tallée comme d'habitude, dans le jardin d'orangers
qui embaume, sous la véranda du vieux kiosque
délicieux. Le ministre a bien reçu pour nous la
lettre de *mouna* signée du sultan et scellée de son
sceau, qui doit nous permettre le passage chez
les différentes tribus et nous donner l'indispensable
droit de rançon. Mais, malgré les démarches qu'il
a bien voulu faire, il n'a pu encore obtenir la lettre
pour les chefs de la ville de Mékinez, ni le permis
pour visiter là-bas les « jardins d'Aguedal ». — Ce
n'est pas mauvaise volonté assurément, c'est len-

teur, inertie ; le grand vizir s'y est pris trop tard, paraît-il, pour avoir la signature du sultan avant l'heure de la prière ; il a promis que dès demain matin tout serait paraphé, en règle, et que, si nous étions déjà en route, des cavaliers courraient à notre poursuite, jusqu'à Mékinez au besoin, pour nous le porter, avec des cadeaux qu'on nous destine. Mais nous n'y croyons guère, et c'est un désappointement.

Nos compagnons de voyage, qui restent à Fez, regrettent un peu de ne pouvoir partir avec nous. Leur séjour paraît devoir se prolonger bien au delà de leur attente : — Il y a mille affaires compliquées à régler, qui n'en finissent pas ; des brouillaminis remontant à plusieurs années, des créances juives impossibles à faire rentrer... Avec ce peuple, rien n'aboutit. Le sultan est presque toujours invisible, retranché comme une idole dans son palais impénétrable. Et les vizirs temporisent, ce qui est la grande force de la diplomatie musulmane. Et puis le ramadan approche, pendant lequel on ne peut plus rien faire ; on commence à en sentir l'influence. Ce n'est d'ailleurs que le matin de très bonne heure qu'on peut traiter quelques questions, avec force périphrases orientales : le midi étant réservé aux prières et au sommeil, — et le soir, aux affaires intérieures. Puis aussi un des plus importants personnages politiques vient d'être mordu au bras par une de ses nombreuses femmes blanches, jalouse d'une de ses nombreuses femmes noires : il est alité et c'est encore un retard.

Nous qui allons partir, on nous charge de commissions pour Tanger ; pour le monde moderne et vivant, dont on se sent bien séparé ici. Ceux qui restent sont déjà pris, il est facile de le voir, de cette espèce de mal particulier, de cette *envie de s'en aller* qui est très connue ; qui, paraît-il, atteint infailliblement les ambassades au bout d'une quinzaine de jours passés à Fez ; et qui d'ailleurs est un moyen politique sur lequel les diplomates arabes sont habitués à compter. Moi qui resterais si volontiers, je m'explique cependant ce sentiment-là, car j'ai déjà éprouvé par instants l'oppression de l'Islam...

XXXII

Dimanche 28 avril.

L'aube est bien grise pour une matinée de départ.

Éveillé au petit jour, dans ma très vieille maison, je regarde avec inquiétude le carré de ciel assombri qui paraît par l'ouverture béante de mon toit : c'est la pluie menaçante.

Autour de moi, il n'y a plus ni tapis, ni tentures, plus trace de mon installation éphémère ; tout est enlevé, emballé ; l'air de vétusté et de délabrement misérable est de nouveau partout.

Il est convenu avec le capitaine H. de V*** que nous devons voyager en burnous, pour moins éveiller l'attention des tribus en passant. Or ma garde-robe indigène n'étant pas extrêmement bien montée, j'ai fait laver hier, en prévision de la route, mes

16

longues chemises flottantes, mes longues faradjias blanches, et elles ont passé la nuit tendues sur ma terrasse, pour sécher.

Je monte les chercher là-haut, au petit jour pâle, m'amusant de ce détail qui m'identifie un instant à l'existence d'un vrai Arabe pauvre en préparatifs de voyage.

Elles sont encore très humides, mes faradjias, me donnant, quand je les mets, une impression de grand froid.

Du haut de mon toit, je puis juger que le temps est gris uniformément, gris tout d'une pièce. Un profond silence, très triste, très solennel, pèse encore à cette heure matinale sur la ville à peine éclairée. Je dis un adieu pour toujours à toutes les terrasses environnantes, qui sont vides et funèbres; un adieu à tous les vieux murs en ruine d'alentour, derrière lesquels mes voisines dorment encore y compris la belle révoltée, dont je ne saurai plus jamais rien.

A cinq heures, ma mule sellée arrive à ma porte, menée par un soldat du sultan. Il fait noir dans la rue profonde. Je dois rejoindre H. de V*** et nos muletiers et nos bagages, à la sortie de la ville, assez loin de chez moi. Pour la dernière fois donc, je chemine dans le dédale des petites rues obscures de Fez, au milieu d'une foule compacte de bœufs (les troupeaux que l'on rentre la nuit de peur des pillards et des bêtes fauves, et que l'on fait sortir dans les pâturages aux premières heures du jour).

* * *

Sorti, par les hautes ogives noires, de l'enceinte de Fez-le-Vieux, je longe à présent les remparts antiques de Fez-le-Neuf. Tristesse des hautes murailles, tristesse des fondrières, tristesse des ruines, tout cela s'augmente, ce matin, du demi-jour gris et du silence. Je n'entends autour de moi que le trottinement des troupeaux de bœufs qui m'entourent; leurs naseaux soufflent des buées blanchâtres. Les bergers qui les mènent, capuchon baissé, sont drapés dans des loques grises, terreuses, comme des morts.

Voici les portes sombres du palais; il en sort à la file une centaine d'esclaves noirs, portant sur la tête ces tourelles en sparterie qui recèlent toujours des plats gigantesques, et une odeur de couscouss tout chaud se répand sur leur passage dans l'air frais. C'est qu'aujourd'hui est une grande fête musulmane précédant les jeûnes du ramadan, quelque chose comme notre mardi gras, et il est d'usage à cette occasion-là que le sultan envoie à tous les dignitaires de la ville un plat préparé dans ses cuisines.

Le capitaine H. de V*** est au rendez-vous, à la porte de Fez-le-Neuf, suivi de nos mules, de nos tentes, de notre très petite escorte. Et presque tous nos compagnons de l'ambassade sont là aussi, montés à cheval de bon matin, pour nous reconduire jusque dans la campagne.

En dehors des murs, nous saluons en passant le camp du sultan et sa haute tente fermée. Sous le ciel gris nous nous mettons en route, par ces espèces de sentes irrégulières qu'ont tracées à la longue les piétinements des caravanes. Des teintes tristes partout, accentuant la désolation grandiose de ces abords ds la ville. Un brouillard très bas traîne sur l'immense plaine d'orges, infiniment verte, et cette plaine semble aboutir de tous côtés à de l'obscurité confuse, à de l'opacité noire qui monte vers le ciel, et qui est faite de grandes montagnes noyées dans les nuages.

Fez s'éloigne sur ces mêmes fonds sombres, prend ces mêmes aspects sinistres qui nous étaient restés dans la mémoire depuis sa première apparition au matin de notre arrivée. En nous retournant, longtemps nous pouvons voir encore, au pied de

ses murailles presque noires, les rangées de petits
cônes blancs comme neige qui sont le camp du très
saint calife...

Des teintes tristes partout ; les passants enveloppés de laine, les chameaux, les ânons, tout ce
qui fait le va-et-vient entre les deux villes par ce
même et unique sentier a des couleurs terreuses,
brunâtres ou grises. Çà et là nous rencontrons de
petits campements bédouins, aux tentes également
brunes comme la terre, d'où sortent des fumées
qui montent tout droit sur le gris foncé des lointains. Et en haut, tout en haut, « l'alouette légère »,
invisible dans la brume, chante sa chanson matinale, au-dessus des orges vertes, à pleine voix,
comme en France.

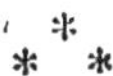

A la première *m'safa*, nos amis français nous
quittent avec des souhaits de bon voyage, pour
rentrer à Fez. Et nous continuons, seuls pour plusieurs jours, avec notre petite escorte d'Arabes.

Entre Fez et Mékinez, il y a treize *m'safa*,
c'est-à-dire treize étapes, jalonnées chacune par un
puits d'eau buvable, qui s'ouvre, sans le moindre rebord, au milieu des sentiers. On fait généralement la

route en deux jours, ou quelquefois en trois, pour les dames du sérail. Mais nous comptons bien arriver ce soir, et même de bonne heure, avec nos mules choisies et toutes fraîches.

Bientôt les champs cultivés finissent. Alors commence une plaine de fenouils, immense, illimitée; fenouils géants d'Afrique, dont les tiges à fleurs ont deux ou trois mètres de haut, sont grandes comme des arbres; on dirait que nous entrons dans une forêt jaune, prolongée de tous côtés, jusqu'à ces lointains obstinément noirs, opaques, emprisonnants, qui sont toujours ces montagnes chargées des mêmes nuages.

Et tout le long des petits sentiers à peine tracés, nous frôlons ces fenouils; ils nous dominent, nous caressent de leurs fraîches feuilles, aussi fines et frisées que les plumes des marabouts; nous sommes enfouis dans leurs réseaux très légers jaunes et verts, nous disparaissons dessous, respirant à l'excès leur odeur.

En l'air continuent de chanter éperdument les alouettes joyeuses, planant haut, invisibles dans le brouillard gris. Et de loin en loin, de lieue en lieue peut-être, un grand palmier isolé se dresse au-dessus de ce bocage uniforme et désert.

Quatre heures durant, nous marchons dans ces

fenouils légers. Quelquefois, en avant de nous, dans le sentier toujours enfoui sous ces épaisseurs de fin duvet vert, nous entendons un frôlement qui n'est pas le nôtre, et alors émergent, d'entre les masses de feuilles ténues, des troupeaux qui nous croisent, ou des files de gens en burnous qui viennent de Mékinez, ou des caravanes. Toujours très drôle de croiser des chameaux, surtout dans un lieu étroit : on se figure être encore loin d'eux; loin des hautes pattes, de la masse centrale du corps, que la tête est déjà sur vous, à l'extrémité du cou ondulé qui s'allonge, et cette tête vous dévisage de tout près, avec une expression de dédain ennuyé; ils marquent un temps d'arrêt pour mieux voir, puis, se détournant encore, reprennent leur allure toujours silencieuse et lente. Ils sentent une odeur indéfinissable, douce et fade, qui tient le milieu entre la puanteur et le parfum; ils en laissent une traînée derrière eux, longtemps encore après qu'ils sont passés.

Nous faisons ce trajet de retour sur des mules, — ce qui semble moins noble que d'être à cheval comme nous' étions venus, mais ce qui est la seule manière vraiment pratique et vraiment arabe de voyager au Maroc. Et puis cela nous permet de ne pas perdre de vue un instant nos tentes et nos bagages, qui suivent au même pas, à la même allure, sur des bêtes de même espèce. Nous n'avons pas comme au départ une escorte pompeuse, trois ou quatre cents cavaliers et des gardes échelonnés sur la route. Nous marchons en file serrée, en tout petit cortége d'une douzaine d'hommes et d'autant de bêtes, et il nous faut veiller nous-mêmes à tout, un peu perdus que nous sommes au milieu de telles étendues désertes.

Nos selles, garnies de drap rouge, sont très larges, très dures, et, tandis que nos mules vont leur pas incessant, rapide, infatigable, nous apprenons tout de suite à prendre là-dessus, comme des Marocains, toutes les poses de route connues : à califourchon, assis, étendus, ou les jambes croisées le long du cou de la bête. De temps à autre, nos muletiers nous content des histoires de brigands, nous indiquent les points où l'on a détroussé ou assassiné des voyageurs ; le reste du jour, ils chantent des petits airs étranges, en se faisant une voix flûtée et grêle qui tient de la sauterelle ou de l'oiseau, — et leur petite musique monotone s'harmonise mélancoliquement avec le grand silence des solitudes.

Après ces quatre heures passées dans les fenouils, nous arrivons au bord d'une gigantesque crevasse qui serpente dans le pays : un ravin, un gouffre au fond duquel roule un torrent. Nous le longeons, en remontant le cours des eaux, jusqu'à une cascade en amont de laquelle le torrent n'est plus qu'une rivière empressée de courir. C'est l'oued Mahouda. Juste au-dessus de la bruyante cascade qui, d'un premier saut, tombe de trente mètres dans le vide, nous franchissons cet oued, à un gué dangereux et profond, en relevant les jambes sur le cou de nos mules, qui sont jusqu'a mi-corps dans l'eau agitée et bruissante.

*
* *

Ce gué marque la moitié du chemin entre les deux saintes villes. Il est très fréquenté par les voyageurs marocains.

Nous faisons sur l'autre rive une halte fort longue, tandis qu'un nos Arabes continue sa route sur Mékinez afin de prévenir le pacha de notre arrivée, comme il convient pour des voyageurs de qualité que nous sommes.

Le lieu de notre halte est juste au-dessous de la bruyante cascade, dominant d'un côté le gué où des caravanes passent, de l'autre la crevasse où se jettent et bouillonnent les eaux furieuses. Le pays d'alentour est partout d'un vert de printemps, et les parois du ravin sont toutes roses de liserons, en guirlandes retombantes. Les nuées grises sont remontées, voilant toujours le ciel, mais laissant les lointains terrestres dégagés et limpides.

En plus des voyageurs, cavaliers ou piétons, qui de temps à autre passent le gué, arrive toute une tribu nomade, gens, bêtes et tentes. Les femmes de ce douar, qui passent les dernières, se troussent avec une naïve impudeur, montrant jusqu'aux reins leurs belles jambes de statues, un peu fauves, un peu tatouées par endroits; mais elles gardent le visage voilé, chastement.

Nous repartons. Une région de montagnes et de rochers vient d'abord. Puis un nouveau gué, dans un décor d'une étrangeté tout à fait à part : c'est en face d'une plaine infiniment déserte, et au pied d'un amas de roches sur lesquelles sont assis, iso- lément, des vieillards immobiles comme des termes, qui ne font aucune attention à nous, qui semblent être de mystiques solitaires absorbés dans des contemplations.

*
* *

Ensuite, quatre heures de régions absolument sauvages, déserts de palmiers nains et d'aspho- dèles comme nous en avons déjà tant traversés pour venir. Souvent nous nous retournons, afin de nous compter, afin de voir si aucun de nos muletiers, si aucune de nos mules de charge ne manque à l'appel, très incertains que nous sommes encore de la fidélité de nos gens. Et là, dans cette plaine unie où la végétation est courte, notre caravane serrée, marchant en bon ordre, est facile à embrasser d'un seul coup d'œil, paraît même bien petite, bien isolée, bien perdue.

Le premier, ouvrant la marche, chemine gravement le caïd responsable de nos têtes : un vieillard, en cafetan de drap rose sous un transparent de blanche mousseline ; ses yeux sont éteints, sont morts ; sa figure accentuée et dure semble taillée à grands coups de hache dans de la pierre brune, et sa barbe blanche est comme un lichen sur une ruine ; il est droit, inexpressif, majestueusement momifié sur sa bête blanche, portant en travers sur sa selle son très long fusil de cuivre.   .   .   .

.   .   .   .

Mékinez !... Mékinez paraît au bout de la plaine désolée... Mais si loin encore ! On comprend qu'on ne l'aperçoit que grâce aux lignes unies du terrain et à la très grande pureté de l'air. C'est une petite bande noirâtre, les murailles sans doute, au-dessus de laquelle se hérissent, à peine visibles, minces comme des fils, les tours des mosquées .   .   .   .

. . . .

Longtemps nous marchons encore, jusqu'à un point où la vue nous est masquée par de vieux murs croulants, qui semblent enfermer d'immenses parcs. C'est la banlieue. Par une brèche, nous franchissons ces enceintes; alors nous sommes dans une région d'oliviers, plantés régulièrement en quinconces, sur un de ces sols d'herbe très fine et de mousse, comme on n'en rencontre que dans les lieux depuis longtemps tranquilles, non foulés par les hommes; ces oliviers, du reste, sont à bout de sève, mourants, couverts d'une espèce de moisissure, de maladie de vieillesse, qui rend leur feuillage tout noir, comme s'il était enfumé. Et les enceintes se succèdent, toujours en ruines, enfermant ces mêmes fantômes d'arbres alignés en tous sens à perte de vue. On dirait des séries de parcs abandonnés depuis des siècles, des promenades pour des morts.

Aussi sommes-nous surpris un peu étrangement d'apercevoir au passage, dans une de ces allées funèbres, un groupe de ces petits burnous d'éclatantes couleurs, verts, orangés, bleus ou rouges, qui indiquent des enfants en toilette parée... Derrière eux, des voiles blancs de femmes entourent une fumée grise, qui monte du sol vers les branches... Nos Arabes nous expliquent que c'est jour annuel de grande fête et de dînette sur l'herbe pour les écoliers de Mékinez : ils sont là aujourd'hui en partie de campagne, tous dans leurs beaux habits ; ces voiles blancs aperçus au fond du tableau représentent les mères qui les ont accompagnés ; cette fumée est celle du souper champêtre qu'on vient de léur préparer sur la mousse ; et à présent leur dînette est finie ; ils vont repartir, pour être rentrés dans la ville avant la tombée de la nuit.

Je crois que c'est une des choses les plus imprévues, les plus charmantes et aussi les plus mélancoliques que j'aie rencontrées au cours de mon voyage, cette fête enfantine, l'éclat de ces petits burnous aux nuances orientales, s'agitant sur l'herbe fine et rase de ce parc désolé.

Au sortir de ces murs et de ces oliviers, tout à coup Mékinez reparaît, très rapprochée, très près de nous, et d'aspect immense, couronnant de sa grande ombre une suite de collines derrière lesquelles le soleil se couche. Nous ne sommes plus séparés de la ville que par un ravin de verdure, fouillis de peupliers, de mûriers, ·d'orangers, d'arbres quelconqùes à l'abandon, qúi ont tous leurs teintes fraîches d'avril. Très haut, sur le ciel jauni, se profilent les lignes des remparts superposés, les innombrables terrasses, les minarets, les tours des mosquéés, les formidables casbahs crénelées, et, au dessus de plusieurs enceintes de forteresse, le toit en faïence verte du palais du sultan. C'est encore plus imposant que Fez et plus solennel. Mais ce n'est qu'un grand fantôme de ville, un amas de ruines et de décombres, où habitent à peine cinq ou six mille âmes, Arabes, Berbères ou juifs.

Depuis la halte prolongée de midi, nos gens nous disaient que nous arriverions pour l'heure du Moghreb. — Et en effet, juste comme nous paraissons, le drapeau blanc de la prière se hisse à tous les minarets; — le *Allah ak'bar!...* retentit en clameur d'épouvante sur toute l'étendue de la ville sainte, jusque sur les campagnes mortes d'alentour... Et, à travers ces longs cris lugubres, cet Allah, que ces hommes implorent, nous paraît en ce moment si grand et si terrible, que nous voudrions nous prosterner nous aussi sur la terre, à l'appel des Mouedzen, devant sa sombre éternité...

Le cavalier que nous avions envoyé en estafette

revient au-devant de nous, ayant vu le pacha, ayant reçu ses ordres pour le lieu de notre campement où il va nous conduire : ce sera en dehors des murs, naturellement.

A la suite de ce guide, nous franchissons le ravin vert, le délicieux fouillis d'arbres qui nous sépare de la ville. Puis, longtemps, longtemps, nous contournons, sans entrer, les vieux remparts à créneaux; ils ont cinquante ou soixante pieds de hauteur, et ils sont tout rongés par la base, tout lézardés, tout caducs. Dans l'espèce de sentier de ronde que nous suivons, personne ne passe; tout au plus rencontrons-nous trois ou quatre mendiants, effondrés comme des cadavres dans des coins de bastions; hideux et effrayants sous des burnous en guenilles; pouilleux couverts de gales écorchées, de je ne sais quelles lèpres. Par terre, il y a des bêtes mortes à moitié dévorées, le ventre ouvert en grand bâillement de vertèbres, mulets, chevaux ou chameaux ; et des ossements partout, éparpillés par les chacals, et des tas de détritus et de pourritures.

Enfin, à cinq cents mètres d'une porte, dans un terrain nu et désert, semé de ruines, de trous, de pierres éboulées, on nous arrête : — nous sommes arrivés au lieu assigné pour notre demeure.

C'est au pied d'une de ces murailles géantes qui, ici comme à Fez, s'en vont se perdre dans la campagne, sans qu'on puisse comprendre quelle a été jadis leur raison d'être. Et là, bien vite, nous faisons monter nos maisonnettes de toile, au crépuscule jaunâtre, tandis que quelques gouttes de pluie commencent à tomber de gros nuages subitement répandus dans le ciel.

L'écrasante muraille à laquelle nous adossons notre petit camp est percée d'une série de hauts portiques, les uns à moitié bouchés en maçonnerie, les autres béants sur la campagne noire et peu sûre. Et cette muraille s'en va là-bas, là-bas, en suivant une pente ascendante, jusqu'aux remparts de Mékinez, jusqu'à la porte la plus proche, qui est, paraît-il, une des principales entrées de la ville. Aucune route ne mène à cette porte, cela va sans dire; personne n'y entre, personne n'en sort; rien ne semble vivre, et, depuis cette grande prière de tout à l'heure, nous n'entendons aucun mouvement, aucun bruit, pas plus que si tout n'était alentour que décombres abandonnés.

Elle est extrême, la mélancolie de ce bout de remparts que l'on aperçoit d'ici, couronnant une hauteur, avec un vieux minaret au-dessus; — la mélancolie de cette porte de ville qui, comme une découpure noire, encadre dans son ogive pointue un petit morceau jaune du ciel encore lumineux...

Ce bout de rempart, ce minaret et cette ogive, c'est tout ce que nous voyons ce soir de Mékinez, la ville sainte...

Il y a près de notre camp deux fontaines en maçonnerie, extrêmement antiques, avec des bassins pour faire boire les chameaux. Pendant que la nuit tombe tout à fait, nous allons, à la lueur d'une lanterne, y faire provision d'eau fraîche; elles sont ornées de délicieuses arabesques festonnées, qui s'en vont en poussière...

... Arrive, monté sur un beau cheval, et précédé d'un grand fanal ajouré, le fils du pacha de la ville. C'est pour nous souhaiter la bienvenue et nous présenter les excuses de son père : il est absent, ce vieux saint personnage; depuis deux mois, à la tête de ses cavaliers, il combat contre les terribles Zemours, qui désolent la contrée.

Lui, le fils, est très jeune, très aimable; il nous annonce une *mouna* abondante, des couscouss tout chauds qu'il va nous envoyer — et aussi des soldats pour nous garder jusqu'au jour. D'abord voici deux petits ânons qui le suivent, chargés, l'un de charbon de bois, l'autre de branchages, pour nous faire cuire des poulets sur l'herbe.

Il reste assis sous notre tente, nous contant des histoires. — Cette muraille, au pied de laquelle nous sommes, il ne peut pas trop nous dire à quoi elle a servi jadis; il sait seulement que Mouley-Ismaïl, le sultan cruel, la fit construire, il y a trois cents ans. — Du reste, la belle époque de Mékinez remonte à ce Mouley-Ismaïl, qui fut le plus glorieux sultan du Maroc.

Après le jeune pacha, un juif vient aussi nous visiter, dans la nuit déjà très noire, précédé d'une escorte et d'un grand fanal. Malgré sa robe brune toute simple, il est, nous dit-on, le plus riche de la ville. Sa figure est, d'ailleurs, distinguée, régulière et extrêmement douce. Il avait été, depuis quelques jours, averti de notre arrivée par un courrier d'un de ses coreligionnaires de Tanger, M. Benchimol, qui, durant tout le voyage de la mission, s'est montré pour chacun de nous d'une inépuisable obligeance, — et il vient très courtoisement se mettre à notre disposition. Nous lui promettons pour demain notre visite, et, en hâte, il s'en retourne, de peur de trouver fermées les vieilles portes des remparts.

Autour de nos tentes, le sol est inégal, exfolié,

comme aux abords des villes très anciennes ; il y
a des entrées de souterrains, des crevasses ; surtout
il y a des bosses de gazon assez singulières, donnant à réfléchir. Il faut mille précautions pour faire
seulement deux pas hors de chez soi, dans l'obscurité. Les chacals, les chouettes, tous les habitants
à voix lugubre des cavernes et des vieux murs
d'alentour nous donnent les uns après les autres
un avis de présence, par quelque cri isolé qui
semble un petit appel de la mort. Et la pluie tombe,
comme si, aux abords de notre camp, tout n'était
déjà pas suffisamment triste.

Huit heures et demie... Neuf heures... Nos deux
visiteurs sont depuis longtemps repartis, et rien
n'arrive de ce qu'on devait nous envoyer, ni
mouna, ni soldats de garde. — Sans doute Mékinez a fermé ses portes, par crainte des détrousseurs, et nous a oubliés dehors, à la merci de
toutes sortes de gens et d'aventures. Et vraiment
nous trouvons qu'il y a beaucoup de noir et de
silence entassés autour de nos petites maisonnettes
de toile, sous ce ciel couvert qui fait la nuit dou-
blement obscure, et près des murailles de cette
étrange ville morte...

Enfin, enfin, des fanaux brillent dans le lointain,
sortis sans doute de la porte qui est là-haut dé-

coupée dans les remparts, et ils descendent vers nous, par l'espèce d'avenue irrégulière et bossuée où baillent des cavernes; c'est notre *mouna* qui nous vient, toujours lente et grave : des couscouss au lait et au sucre; un mouton en vie et plusieurs poulets dans des cages... Nous aurions bien envie de renvoyer ces pauvres bêtes, mais cela nous poserait tout à fait mal ; il faut les livrer au couteau et à la voracité de nos gens d'escorte.

D'autres fanaux encore apparaissent sur la hauteur, et descendent vers nous : une troupe armée, jouant du tambourin. Ce sont les soldats qui viennent pour nous garder jusqu'au lever du jour; et, à voir comme ils sont nombreux — au moins quatre-vingts — on peut juger que le jeune pacha est bien pru'ent, ou que le lieu a bien mauvais renom.

Ils s'asseyent en cercle, autour de nos tentes, sur l'herbe suspecte ou sur les vagues choses noires, et commencent à chanter pour se tenir en éveil, en se faisant face deux à deux. Ils chanteront jusqu'au matin ; c'est l'usage pour tous les gardes nocturnes qui font consciencieusement leur service, et il faudra nous arranger pour dormir comme nous pourrons au milieu de ce chœur sauvage qui n'aura jamais de trêve.

*
* *

Vers minuit, leur musique tourne à un charivari tout à fait irrévérencieux. De garder des « nazaréens », cela les a mis en gaieté moqueuse ; ils ne chantent plus, ils imitent toutes les bêtes du Maroc : des cris de chien, des cris de chameau, des cris de poule qui pond, ou même des hurlements de pure fantaisie. Alors je me lève, très furieux. A tâtons je m'en vais réveiller sous sa tente le vieux caïd responsable, et, ensemble, lui portant un fanal, moi une cravache, nous faisons le tour des gardes, avec force menaces de corrections immédiates, de plaintes au pacha, de bastonnade, de prison même. Le silence se fait, docilement...

*
* *

Une heure du matin. — Une seconde *mouna* nous est apportée, plus pompeuse que la première : d'immenses couscouss de dessert, des pyramides de gâteaux, des mannequins d'oranges, du thé et des pains de sucre : le jeune pacha a tenu à faire bien les choses. Nos gens d'escorte se relèvent, pour recommencer une fête à tout casser, et nous finissons par nous endormir...

17.

XXXIII

A MÉKINEZ

Lundi matin 29 avril.

En nous éveillant sous le ciel sombre, nous nous apercevons que nous étions campés dans un cimetière: le cimetière des pauvres, probablement; pas de pierres tombales, mais des bosses de gazon éparses autour de nous, les unes très anciennes, les autres encore fraîches. Et nous avons dormi sur ces morts.

Pas plus de mouvement qu'hier, aux abords de cette ville; sur la hauteur là-bas, dans la grande ogive d'entrée qui s'ouvre au milieu des remparts, rien de vivant ne se montre, et le morne désert commence tout de suite, au pied des longs murs.

Vers huit heures, cependant, apparaissent trois ou quatre juifs, reconnaissables de loin à leurs robes noires; sortis de cette porte, les voici qui descendent vers notre camp par les terrains grisâtres, exfoliés et semés de pierres. C'est pour nous offrir des bijoux, des broderies d'autrefois, qu'ils déballent par terre, sur l'herbe humide, parmi les piquets et les cordes de nos tentes.

** **

Neuf heures. — Un cavalier tout poussiéreux, qui semble avoir couru grand train, nous arrive de Fez; il nous apporte ce que nous attendions pour pénétrer dans la sainte ville : des lettres du sultan adressées au pacha et aux aminns, nous donnant le droit de circuler et de visiter les jardins mystérieux d'Aguedal.

Alors nous faisons seller nos mules et, par l'espèce d'avenue grise, nous montons vers cette grande porte qui depuis hier attirait nos yeux.

Passant enfin sous la haute ogive encadrée d'arabesques et de faïences, nous faisons notre entrée dans Mékinez.

D'abord des fondrières, des ruines ; d'autres remparts, d'autres enceintes, d'autres portes croulantes, démolies, images de la désolation et de la vétusté dernières. Quelques rares habitants, pla-

qués dans des recoins de murs et vêtus de burnous de la même couleur que les pierres, nous
regardent entrer avec une expression de vague
méfiance.

Des rues plus larges, plus droites qu'à Fez; l'aspect d'une ville plus majestueuse, mais plus délabrée encore et plus ensevelie. De grandes mosquées
grises, des minarets immenses, dominent les places
désertes. Et sur toutes les terrasses, sur tous les
murs lézardés, sur tous les couronnements de
portes, poussent de hautes herbes et des fleurs
sauvages, résédas et pâquerettes, en jardins touffus
ou en guirlandes retombantes ; tout un parterre,
de fleurs blanches et jaunes recouvre l'ensemble de
ces ruines.

Par de petites ruelles voûtées qui descendent,
nous nous faisons conduire chez le jeune pacha,
pour lui remettre la lettre du sultan, qui est le
« sésame. » nous donnant accès dans cette ville.
Aux abords de sa maison, les murs ne sont plus
décrépits, mais recouverts de chaux absolument
immaculée, et les plantes sauvages ne garnissent
plus les toits. Plusieurs graves personnages sont
assis là sur des pierres, attendant une audience ;
ils sont drapés tous dans ces blanches mousselines
de laine que retiennent des cordelières de soie et

qui voilent des robes de dessous en drap bleu ou rose.

Le jeune pacha nous reçoit au seuil de sa porte ; en murmurant une bénédiction pieuse, il baise d'abord le sceau du sultan sur la lettre que nous lui présentons ; puis il la lit et se met à nos ordres pour nous mener à ces jardins d'Aguedal, que lui seul a le droit de faire ouvrir. Quand voulons-nous nous mettre en route ? — Nous répondons : « Tout de suite, » n'ayant pas de temps à perdre, — et, sur un signe, on court lui chercher son cheval.

Presque aussitôt on l'amène, au galop, tenu en main par deux esclaves noirs, rétif et superbe dans la petite rue étroite où ses coups de pied font voler la chaux des murs. Il est blanc, à longue queue traînante. La selle et la bride, en soie vert d'eau, sont brodées d'or.

A la suite du jeune pacha, nous nous enfonçons dans la ville morte, dans les débris de Mékinez, qu'il nous faudra traverser dans toute sa longueur, le palais et les jardins du sultan étant très loin, du côté opposé. — Les rares passants s'inclinent devant le jeune chef, ou s'avancent pour baiser le bas de ses burnous.

Toujours des enceintes nouvelles, de formidables remparts à créneaux, puis des espaces vides, des ruines dont le plan est incompréhensible. — Murailles toutes sapées par la base, tenant debout on ne sait comme, mais gardant un air imposant quand même, et farouche, avec leurs proportions excessives et leurs hauts bastions crénelés.

Vers le centre, nous arrivons en face d'une muraille plus grande encore que toutes les autres, infiniment haute et longue, dont les bastions carrés s'alignent en perspective fuyante, imitant les « sept tours » de Stamboul ; elle forme une autre ville dans la ville, plus murée, plus impénétrable. Nous sommes là sur une sorte d'esplanade, d'où l'on domine des lointains tranquillement tristes, des séries de murs lézardés, de minarets morts, de terrasses vides. Autour de nous, cependant, il y a un peu plus de monde : des gens encapuchonnés de burnous couleur de pierre ; — et un groupe de femmes juives non voilées, toutes pailletées d'or sur velours bleu et rouge, qui sont comme d'extraordinaires poupées éclatantes sur l'uniformité de ces gris neutres. Et à ce moment, du bout d'une rue déserte, nous voyons de loin arriver des cavaliers qui semblent fatigués d'une longue route, — et qui nous font des signes, nous crient de nous arrêter, accourent à nous...

Ah! ce sont nos cadeaux, les cadeaux que le

sultan nous envoie!!! Qu'Allah soit loué, nous n'y comptions certainement plus.

Pour le gouverneur d'Algérie, il y a un beau cheval pommelé, que nous serons chargés de lui conduire; et pour nous, une énorme caisse clouée, la charge d'une mule. Nous renvoyons ces cavaliers à notre camp, en dehors des remparts, où nous retournerons tout à l'heure pour déballer ces choses précieuses. Mais on a fait cercle autour de nous, le bruit de ces présents du souverain s'est répandu sur la place, et voici maintenant qu'on nous considère avec respect comme de grands chefs.

Plus tard, dans très longtemps, dans l'avenir crépusculaire, quand je reverrai chez moi ces cadeaux du calife, qui sait si je me rappellerai jusqu'à la fin au milieu de quel décor étrange et lumineux ils me sont apparus un jour, sur cette place de Mékinez, devant le palais désert de Mouley-Ismaïl, le sultan cruel...

Nous dirigeant vers les jardins d'Aguedal, nous contournons toujours la funèbre muraille grise, qui pointe là-haut ses créneaux aigus vers le ciel bleu. A présent, nous sommes sur une autre place, la plus grande et la plus centrale de Mékinez, qu'entourent des minarets et de vieilles maisons sans fenêtres, recouvertes de chaux blanche. Et ici, dans

la monotone muraille que nous longeons depuis si
longtemps, une merveilleuse porte de palais, toute
brodée de mosaïques, s'ouvre, comme une surprise,
attestant que ce lieu, aux aspects effroyables de
prison, a été le repaire d'un sultan magnifique,
raffiné comme un artiste dans son luxe rare. Et
devant cette porte, au milieu d'un large rayon de
soleil qui tombe et dessine à terre les dentelures
noires des créneaux, s'agite un groupe de cavaliers
invraisemblables, qui paraissent tout petits sur
leurs chevaux à selles de velours, qui rient gaiement
avec des voix enfantines, et dont les burnous, au
lieu d'être blancs comme c'est l'usage pour les hommes, sont de toutes les nuances connues, les plus
vives et les plus fraîches : c'est une troupe d'écoliers
qui continuent la fête d'hier, ce sont des petits
aminns, des petits *pachas*, en beaux costumes,
montés sur les selles de gala de leurs pères ; c'est
une joyeuse cavalcade d'enfants qui s'organise au
milieu de ces ruines, admirable de couleur dans
ce rayon de soleil, sur le fond écrasant et sombre
de ces murailles de palais. Et je crois que ce
tableau inattendu, dépassant encore tous les autres,
me restera dans les yeux comme le plus oriental
que j'aie vu dans tout mon voyage au Moghreb...

Oh ! derrière eux, quelle étonnante et mystérieuse

merveille, que cette porte de palais, ouverte dans ces immenses remparts ! Et comme ils sont charmants tous, et bizarres, ces écoliers sur leurs chevaux ! En voici un tout petit, qui peut avoir au plus cinq ou six ans ; il est en burnous d'un rose saumon, sur une selle de velours vert ; il monte un grand cheval qui hennit, qui se cabre, qui lui jette à la figure toute sa crinière blanche ébouriffée, et il n'a pas peur, il sourit, promenant ses beaux yeux de droite et de gauche pour voir si on le regarde ; quel délicieux petit être il est et quel cavalier superbe il deviendra plus tard...

Cette porte, qui fut celle du sultan Mouley-Ismaïl le Cruel, contemporain de Louis XIV, est une gigantesque ogive, supportée par des piliers de marbre, et encadrée de festons exquis. Toute la muraille d'alentour, jusqu'en haut, jusqu'aux crénelures du faîte, est revêtue de mosaïques de faïence, fines et compliquées comme des broderies précieuses. Les deux bastions carrés qui, de droite et de gauche, flanquent cette porte, sont aussi couverts de mosaïques semblables et reposent également sur des piliers de marbre. Des rosaces, des étoiles, des emmêlements sans fin de lignes brisées, des combinaisons géométriques inimaginables qui déroutent les yeux comme un jeu de casse-tête, mais qui témoignent

toujours du goût le plus exercé et le plus original,
ont été accumulés là, avec des myriades de petits
morceaux de terre vernissée, tantôt en creux, tantôt
en relief, de façon à donner de loin cette illusion
d'une étoffe brochée et rebrochée, chatoyante, mi-
roitante, sans prix, qu'on aurait tendue sur ces
vieilles pierres, pour rompre un peu l'ennui de si
hauts remparts. Le jaune et le vert sont les nuances
qui dominent, dans ces bigarrures de toutes couleurs;
mais les pluies, les siècles qui se sont succédé, les
soleils qui ont recuit tout cela, se sont chargés de
fondre ces teintes, de les harmoniser, de donner à
l'ensemble une patine chaude et dorée. Des bandes
sombres, comme de larges rubans de deuil tendus
horizontalement, traversent et encadrent ces broderies vertes ou jaunes : ce sont des inscriptions religieuses, caractères arabes enroulés, patiemment exé-
cutées en mosaïques de faïence noire. Et, le long de
la bande supérieure, des crocs de fer, semblables à
ceux que l'on voit aux étals des bouchers, sortent
du mur pour recevoir, à l'occasion, des rangées de
têtes humaines...

Nous continuons notre route, toujours vers ces
jardins d'Aguedal; longeant encore l'interminable
muraille, nous rencontrons d'autres portes à mosaïques, d'autres séries de bastions et de créneaux. De

plus en plus, nous sommes dans les légions abandonnées, dans les ruines. D'autres places, immenses, désertes, entourées de remparts qui semblent des enceintes de villes détruites ; je ne sais combien encore de portes démantelées, d'ogives brisées, de murs croulants. Personne nulle part, que dès cigognes perchées sur les ruines et regardant de haut la désolation d'alentour ; un air d'abandon encore jamais vu ailleurs.

Des espaces vides, semés de décombres, de pierres, creusés de trous profonds, de grottes, d'oubliettes. Des champs de blé quelquefois, entre de hauts murs imposants qui ont dû jadis enfermer des choses si cachées. Çà et là, au fond d'enclos où nous ne pénétrons pas, apparaissent, au-dessus de la monotonie des remparts crénelés, de grands toits en faïence verte, garnis de mousse et de fleurs sauvages : palais des sultans passés, dont on a fermé les portes après la mort du maître (un sultan nouveau ne devant jamais habiter le même lieu que son prédécesseur), et qu'on laisse lentement détruire par les siècles... Et sur tout ce chaos de débris, que l'été chauffera bientôt de son soleil torride, c'est toujours et partout la même exubérante profusion d'herbes et de fleurs : de vrais parterres de pâquerettes, d'anémones, de pavots rouges, de pavots

blancs, de pavots roses; d'immenses jardins naturels, délicieusement tristes...

Nous allons toujours, conduits par le jeune pacha,
trottant derrière son cheval harnaché de vert et
d'or. Nous ne savons plus si nous sommes dans la
ville ou dans les champs; la limite des ruines est
mal définie; autour de nous il y a encore de grands
pans de murs inachevés et cependant près de tomber de vieillesse : caprices de différents souverains
qui se sont succédé, puis qui ont disparu dans
l'abîme éternel avant d'avoir pu finir leur œuvre
commencée. De longues lignes de remparts crénelés
s'en vont se perdre on ne sait où, parmi les
halliers et les herbages, dans les' lointains de la
campagne déserte...

*
* *

Les jardins d'Aguedal! Quel lieu désolé! quel
aspect de tristesse inattendue — même après tout
ce que nos yeux se sont habitués à voir ici de
funèbre! — D'abord une porte déjetée et vermoulue,
qui s'ouvre avec un air clandestin au bout d'un
sentier d'herbes, dans de hauts remparts : à l'appel
du pacha, un gardien à barbe blanche nous tire les
verrous intérieurs et les referme derrière nous

quand nous sommes passés. Une première enceinte, espèce de préau de la mort, toujours entre des murs d'au moins cinquante pieds de hauteur, puis une seconde porte verrouillée de fer; une seconde enceinte, une autre porte encore, — et enfin les « jardins » nous apparaissent... Nous restons saisis devant la nudité immense d'une espèce de prairie sans fin à l'herbe rase semée de marguerites, où paissent à l'état sauvage des troupeaux de chevaux et de bœufs, où courent dans le lointain des bandes d'autruches, — et où des ossements, des carcasses vides gisent sur la terre. De jardins, il n'y en a point; à peine quelques arbres là-bas, dans un vieil enclos formant verger; autrement, rien qu'une prairie triste et murée, si étendue pourtant que sa muraille grise s'en va se perdre à l'horizon, semble n'être là-bas qu'une ligne entourant la plaine où ces troupeaux sont épars. La campagne au delà, absolument solitaire, est verte sous un ciel sombre; on dirait quelque site des pays du Nord, dans une contrée sans villages et sans routes, quelque parc de manoir dans une région abandonnée. Ces chevaux, ces bœufs, ces petites marguerites blanches dans l'herbe, rappellent aussi nos climats, et il y a même çà et là des flaques d'eau où chantent les plus ordinaires grenouilles. Ce qui surprend alors, ce qui est

la seule note dissonante, exotiqué, c'est ce chef
arabe à côté de nous — et ces autruches, circulant
comme chez elles, sur leurs longues jambes minces.
Si le lieu est triste, au moins n'est-il pas banal ;
car sans doute bien peu d'Européens ont pénétré
dans ces *jardins* du sultan.

Nos mules marchent avec une certaine hésitation ;
elles ont peur de ces carcasses mortes, couchées
dans l'herbe ; ensuite elles reculent devant une
bande d'autruches, qui s'approchent pour nous voir
en tendant leur long cou chauve, puis qui se sauvent, en se dandinant sur leurs hautes pattes.

Nous avons la curiosité de savoir ce que sont
devenues trois juments normandes offertes par le
gouvernement français à Mouley-Hassan, il y a
quatre ans environ, à l'occasion d'une précédente
ambassade, et nous nous avançons pour les découvrir, parmi tous ces chevaux qui sont là.

Enfin, nous les reconnaissons, ces trois normandes, groupées bien près les unes des autres, à l'écart
de leurs semblables et faisant visiblement bande à
part. Chacune d'elles a son petit poulain, fils
d'étranger ; — et cela nous étonne de voir ces bêtes,
au bout de quatre années, se rappeler encore leur
origine commune, vivre ainsi ensemble, avec des
airs de comprendre leur exil...

Ensuite nous longeons les murs d'enceinte, pour visiter trois ou quatre constructions anciennes qui y sont adossées, à de grandes distances les unes des autres : ce sont des kiosques de jardin, entourés de quelques cyprès noirs ; ils ont des vérandas donnant sur l'Aguedal et soutenues par de vieilles colonnades charmantes ; abandonnés, peut-être depuis des siècles, ils sont d'une tristesse funèbre sous les couches de chaux amoncelées qui effacent leurs arabesques. Les portes en sont verrouillées, condamnées, ou même murées de pierres. Sans doute des sultanes, des belles cloîtrées et invisibles, sont souvent venues jadis s'asseoir devant ces kiosques, sous ces colonnes, pour se donner des illusions de liberté en contemplant les lointains de ces prairies de marguerites... Et de mystérieux drames d'amour ont dû se passer là, qui ne seront jamais écrits...

Au sortir des jardins d'Aguedal, le jeune pacha nous ramène par d'autres chemins, à travers des dépendances intérieures du palais, toujours entre les gigantesques murailles crénelées, d'une hauteur excessive, qui donnent à tout ce lieu son caractère d'impénétrabilité farouche. Les cours, les avenues, les places, sont toujours vides et mortes. La couleur d'ensemble de tous ces remparts, de toutes ces ruines

est le jaune terreux marbré de brun rouge; la chaux
employée à Mékinez est généralement mélangée
d'ocre, et puis surtout, les années, les pluies, les
soleils, les lichens, ont rendu à tout cela les teintes
primitives des rochers et du sol. Ces dépendances
du palais sont immenses; dans des bas-fonds, où
coulent des ruisseaux, nous traversons des vergers
incultes, qui sont des fouillis délicieux d'orangers,
de grenadiers, de figuiers et de saules. Les belles
sultanes captives ont de quoi s'égarer sous la verdure et peuvent se faire des illusions de bois
sauvages.

Dans toutes les crevasses des remparts poussent
des cactus nopals, grands comme des arbres, qui
étalent au soleil leurs fleurs jaunes et leurs feuilles
rigides, semblables à des raquettes bleuâtres. Et des
quantités de cigognes, immobiles sur une patte au
faîte des créneaux, nous regardent de haut passer.

Le jeune pacha nous mène voir une pièce d'eau
artificielle, destinée au bain des dames du harem,
et sur laquelle le sultan compte faire naviguer le
canot électrique que nous lui avons offert. C'est un
lac carré, de trois ou quatre cents mètres de long.
Sur trois de ses côtés, il est entouré d'une sinistre
muraille crénelée de soixante pieds de haut, qui se
reflète et se renverse dans l'eau immobile, donnant

une fausse impression de profondeur. La quatrième face communique, par un quai dallé de pierres, avec la grande esplanade vide qui mène au palais. C'est là que nous nous promenons, absolument seuls toujours, nos yeux embrassant de tous côtés des séries de formidables remparts, qui se superposent, se croisent, se dédoublent, — et nous enferment. Au-dessus de ces vieux murs lézardés, que chauffe à présent le soleil de midi, apparaissent de nouveau les toits couverts d'herbages des palais des anciens sultans — qui abritent peut-être encore de merveilleux débris jamais vus; — et au delà, un fouillis plus lointain de terrasses, de mosquées, de minarets, de murs lézardés et croulants : toute la désolation solennelle de Mékinez, étagée sur le ciel morne. — Une musique de cigales sort des vieilles pierres, — et toute la surface du lac muré est piquée de petits points noirs, qui sont des têtes de grenouilles chantant à pleine voix dans le silence des ruines...

Une seule construction neuve émarge là-bas, au-dessus des vieux murs : c'est le palais du sultan actuel, blanc comme neige, avec un toit de faïence verte et des auvents bleus. Le sultan ne passe guère là qu'un mois chaque année, obligé de résider davantage à Fez et à Maroc, ses deux autres capitales ; mais ce palais est habité en ce moment par un détachement de dames du harem qui ont quitté Fez la semaine dernière — et qui, bien entendu, ont été soigneusement séquestrées derrière plusieurs murs avant notre arrivée dans les jardins.

Au moment où nous nous éloignons pour partir, un groupe de lavandières noires, ayant de grands anneaux d'argent dans les oreilles, sortent du palais avec des paquets de linge sur la tête : les chemises des belles dames invisibles, qu'elles se mettent à laver nonchalamment dans le lac, en chantant des chansons de leur pays...

Je ne sais combien d'enceintes il nous fait franchir pour nous en aller, combien de portes ; ni combien de détours il nous faut faire, entre d'énormes remparts calcinés de soleil où poussent des cactus.

Il se trouve que nous allons précisément sortir par la merveilleuse porte en mosaïques de Mouley-Ismaïl, admirée ce matin. Nous passons sous son ogive, dans son ombre, entre ses piliers de marbre, et nous voici dehors, au grand soleil, sur la place centrale de la ville. Des groupes d'Arabes qui sont là, apercevant leur pacha entre nous deux, s'avancent et s'inclinent profondément, presque prosternés... Jadis, les petites sorties du matin de Mouley-Ismaïl, sans apparat, devaient être quelque chose dans ce genre.

* *
*

Sur cette place, nous remercions le pacha et lui disons adieu — pour nous diriger vers la ville des juifs, faire la visite promise à notre ami d'hier au soir. — Cela nous changera de toutes ces grandeurs mortes.

Pour arriver à cette ville des juifs, il faut traverser des quartiers plus habités. D'abord celui des marchands de bijoux, où des deux côtés de la rue, dans des petites échoppes en forme de boîte, de bizarres étalages d'argent et de corail brillent sur de vieux dressoirs en bois grossier. Et puis une rue très particulière, longue, droite et large comme un boulevard, bordée de maisonnettes sans toits, pareilles à des cubes de pierre; elle monte vers une colline au sommet de laquelle le tombeau d'un saint découpe sur le bleu cru du ciel sa coupole peinte, flanquée de deux hauts palmiers minces.

A l'extrémité de cette rue, s'ouvre la porte des Juifs. Et, aussitôt cette porte franchie, tout change d'aspect brusquement, comme si on était là dans un autre pays où, sans transition, on aurait été jeté. Au lieu de l'immobilité et du silence, un grouillement compact; au lieu des hommes bruns, qui marchaient lents et majestueux, drapés dans des laines blanches, ici, des hommes pâles ou rosés, en longues papillotes et coiffés de calottes noires, qui vont tête basse, étriqués dans des robes sombres; des femmes non voilées, qui sont très blanches et ont des sourcils minces; une quantité de jeunes Éliacins, frais et roses, efféminés, à l'expression rusée et craintive. Une population trop dense, qui étouffe dans ce quartier étroit, en dehors duquel le sultan ne lui permet pas de vivre. Des ruelles encombrées de marchands, et par terre toutes sortes de débris, d'épluchures, d'immondices; à cause du tassement, une malpropreté qui étonne, même après celle des rues arabes, et des puanteurs sans nom, à la fois âcres et fades, vous prenant à la gorge.

Voici notre ami d'hier au soir qui vient à notre rencontre, averti sans doute par la rumeur de la foule saluant notre arrivée. Il a toujours sa jolie figure douce, mais vraiment, pour un millionnaire, il est bien mal mis : une robe fanée, unie, incolore, quelconque. C'est l'usage, paraît-il, pour ces juifs riches d'affecter dans la rue ces airs simples.

La porte de sa maison est bien modeste aussi, toute petite, toute basse, au bord d'un ruisseau plein d'ordures...

Mais, au dedans, nous nous arrêtons saisis devant un luxe étrange, devant un groupe de femmes cou-

vertes d'or et de pierreries, qui nous accueillent souriantes, au milieu d'un décor des *Mille et une Nuits.*

Nous sommes dans une cour intérieure, à ciel
ouvert, avec, tout alentour, une colonnade et des
arcades dentelées. Des mosaïques miroitantes recouvrent le sol et les murs jusqu'à hauteur d'homme;
au-dessus, commencent les arabesques variées à
l'infini, les étonnantes dentelles de pierre, rehaussées de bleu, de vert, de rouge et d'or. Les artistes
patients qui ont décoré cette maison sont les descendants de ceux qui sculptaient les palais de Grenade, et ils n'ont rien changé, depuis tant de siècles,
aux traditions d'art que leurs pères leur avaient
léguées ; ces mêmes broderies de fées, qu'on admire
à l'Alhambra sous une couche de poussière, apparaissent ici dans tout l'éclat de leur fraîcheur neuve.

Les femmes qui sont dans cette cour, éblouissantes
sous un rayon de soleil, ont des jupes de velours
brodé d'or, des chemises de soie lamée d'or, des cor-
sages ouverts presque entièrement dorés; aux bras,
aux oreilles, aux chevilles, elles portent de lourds
anneaux ornés de pierreries; et leurs bonnets très
pointus, leurs espèces de petits casques, sont formés
avec des soies de couleurs éclatantes brochées d'or.
Elles sont pâles, blanches comme de la cire, avec
des yeux noirs très cernés, et leurs bandeaux « à la

juive », noirs aussi comme des plumes de corbeau, descendent tout plats le long de leurs joues.

La maîtresse de la maison est la seule personne dans ce groupe qui ne soit pas absolument jeune; les autres, qu'on nous présente comme des *dames* et qui doivent être mariées en effet, à en juger par le luxe de leurs vêtements, sont des enfants qui peuvent avoir en moyenne une dizaine d'années. (Chez les juifs de Fez et de Mékinez, c'est l'usage de marier les filles à dix ans et les garçons à quatorze.)

Toutes ces petites fées nous tendent la main, avec de gentils sourires; l'accueil de la maîtresse de la maison est cordial et même distingué; elle est la plus somptueuse de toutes; sa jupe de velours cramoisi, son corsage de velours bleu de ciel, disparaissent sous des dorures en relief, et, dans les anneaux de ses oreilles, sont enfilées des perles fines et des émeraudes grosses comme des noisettes.

Nous n'étions jamais entrés dans une grande maison juive, et toute cette richesse inattendue et inconnue nous semble un rêve, après la misère sordide et les puanteurs de la rue.

Nous refusons de déjeuner, malgré les instances de nos hôtes; mais on a l'air si heureux de nous

recevoir que, pour ne pas faire de peine, nous accep-
tons une tasse de thé.

C'est au premier étage que ce thé va nous être
servi ; montons par un étroit escalier de mosaïques aux marches très raides, suivis de toutes les
petites femmes en costumes d'idoles ; traversons une
galerie supérieure festonnée, ajourée, dorée, et entrons dans un salon décoré en style d'Alhambra,
pour nous asseoir par terre, sur des coussins de
velours et de merveilleux tapis.

Par terre également, notre thé aux aromates fume
dans des théières et des samovars en argent d'une
grande richesse.

Les fenêtres de ce salon sont des petits trèfles ou
des petites rosaces découpées avec une excessive
recherche de formes ; sur les murs, toujours ces
mêmes mosaïques, ces mêmes dentelles de sculptures dont les Arabes ont l'inimitable secret; quant
au plafond, c'est une série de petites coupoles, de
petits dômes étoilés, pour lesquels il semble qu'on
ait épuisé les combinaisons géométriques les plus
rares et les plus difficiles, et aussi les mélanges les
plus extraordinaires de couleurs.

Par les fines découpures des fenêtres garnies de
vitraux colorés, entrent des rayons bleus, des rayons
jaunes, des rayons rouges, qui tombent au hasard

sur les soieries, sur les ors, sur les costumes éclatants des femmes. Et au milieu de nous, dans un
réchaud d'argent, brûle le bois précieux des Indes,
qui répand son nuage de fumée odorante.

Après les trois tasses de thé de rigueur, après
les « cornes de gazelle », les confitures de pastèques
et les petits bonbons de toute sorte, nous voulons
décidément prendre congé, partir. Mais notre hôtesse renouvelle son invitation à déjeuner avec une
telle insistance de prière que, de guerre lasse, nous
disons oui. Alors une expression de vrai plaisir
apparaît sur sa figure, et les toutes petites dames
mariées font chacune un saut de joie.

Avant de nous mettre à table, il faut visiter le
logis, dont notre hôte semble très justement fier.

D'abord les terrasses, autrement dit les toits, qui
sont le promenoir habituel de la famille. On ose à
peine y marcher, tant la couche de chaux qui les
recouvre est immaculée et neigeuse. Ils sont divisés
en différentes parties, d'où l'on découvre différents
aspects de la désolation grandiose d'alentour. Et il
y a de tels enchevêtrements dans cette ville où,
depuis tant de siècles, les constructions se sont
appuyées et entassées sur des ruines, qu'une partie
de ces terrasses si blanches s'enfonce sous la formidable ogive sombre d'une forteresse croulante,

construite là jadis par Mouley-Ismaïl, le sultan cruel.
De ces hauts promenoirs, on domine d'abord la
ville juive, avec ses maisons sans air, serrées, tassées les unes sur les autres comme par une compres-
sion, et d'où montent d'écœurantes odeurs. Plus
loin, les restes de Mékinez, tout le développement
incompréhensible des grandes murailles de forte-
resses ou de palais auxquelles, par contraste, l'espace, l'étendue ont été donnés comme à plaisir;
et, au milieu de la plus farouche et de la plus
haute de ces enceintes, la porte merveilleuse par
laquelle nous sommes sortis tout à l'heure des
sérails, la grande ogive brodée de mosaïques qui
était l'entrée d'honneur du glorieux sultan. Puis
enfin, par échappées, au delà de tant de remparts
et de ruines, des coins de cette campagne sauvage
où les brigands font la loi. « Il est arrivé, nous
conte notre hôte, à certaines époques où le sultan
et son armée étaient en expédition lointaine dans
le Sud, il est arrivé qu'on s'est vu obligé de fermer
en plein jour les portes de Mékinez, tant les pillards Zemours devenaient hardis et dangereux. »
Toute la famille israélite est montée avec nous, à
la file, par le petit escalier raide et étroit, afin de
nous faire les honneurs de ce lieu de plein air. Les
costumes de velours et d'or des femmes tranchent

sur l'éclatante blancheur des terrasses; les petites
dames mariées sont toutes là. Il y a surtout deux
petites belles-sœurs de dix ans, qui se tiennent
enlacées, et qui sont bien charmantes et étranges,
avec leurs yeux trop agrandis, trop cernés, qui ne
semblent déjà plus des yeux d'enfants; leurs magnifiques bracelets de poignets et de chevilles, qui
sont des cadeaux de noce et qui doivent leur servir
plus tard lorsqu'elles seront grandes, trop larges à
présent pour leurs membres délicats, ont été attachés avec des rubans. Et chez elles toutes, jeunes
ou non, ce que l'on voit de cheveux, sous le petit
casque en gaze d'or, est imité avec de la soie :
deux bandeaux de soie noire, bien peignés, bien
raides, encadrent leurs joues d'une blancheur de
cire et deux petits accroche-cœur, également en
soie noire, s'ébouriffent en pinceau au-dessus de
leurs oreilles fines. Quant à leur vraie chevelure,
elle est cachée je ne sais où, invisible.

En promenant mes yeux tout autour de ces
terrasses, sur l'horizon mélancolique en face
duquel ces femmes naissent et meurent, j'ai un
instant la compréhension et l'effroi de ce que
peut être la vie de ces israélites, astreints crain-
tivement aux observances de la loi de Moïse, et
murés dans leur quartier étroit, au milieu de

cette ville momifiée, séparée du monde entier...

Une des gloires de la maison est son jardin, un jardin qui nous fait sourire : il a bien cinq ou six mètres carrés, entre de grands murs où sont peintes des charmilles ; de petits orangers y poussent étiolés. Mais, vu l'extrême rareté de l'espace, il faut être tout à fait riche pour posséder un jardin dans ce quartier. Le sultan actuel, nous dit notre hôte, est très doux pour les juifs ; il a promis, à son prochain séjour à Mékinez, de leur faire bâtir une nouvelle ville ; alors ils espèrent bientôt s'agrandir et respirer mieux.

Toute la maison est du reste aménagée et décorée dans le goût arabe le plus recherché, et on pourrait se croire chez quelque élégant vizir, si les proportions n'étaient pas si petites, et surtout si on ne voyait, dans chaque appartement, encadrées sous verre, les tables de la Loi, ou des inscriptions hébraïques, ou la sombre figure de Moïse, ou quelque autre indice de cette obscurité particulière qui n'est pas l'obscurité musulmane.

Notre déjeuner est prêt. C'est au rez-de-chaussée, dans une salle qui donne sur la belle cour tout en dentelles de pierre rehaussées d'or. Les murs intérieurs sont décorés de mosaïques d'une rare finesse, représentant des séries d'arcades mauresques au milieu desquelles des rosaces se compliquent bizarrement comme des dessins de kaléidoscope. Quant au plafond, il est composé de ces innombrables petits pendentifs emboîtés les uns dans les autres, que je ne puis comparer qu'à ces cristallisations de givre accrochées aux branches des arbres en hiver.

La table est, par galanterie, servie à l'européenne sur une nappe blanche; la porcelaine est française, de Limoges, style Empire, avec filets dorés. A la suite de quelles odyssées ces choses sont-elles venues s'échouer à Mékinez?...

On fait venir quatre musiciens, deux chanteurs, un violon et un tambour, qui s'installent par terre, contre nos jambes, pour nous jouer sans arrêt des choses rapides, stridentes et lugubres. Notre hôtesse, malgré ses perles et ses émeraudes, désire surveiller elle-même la cuisine et nous apporter nos plats; ce qu'elle fait du reste avec une bonne grâce parfaite et une originale distinction.

Une vingtaine de mets différents se succèdent à la file, arrosés de deux ou trois qualités de vieux petits vins roses tout à fait bons, que les israélites récoltent sur les coteaux alentour de Mékinez, au grand scandale des musulmans. Et, tandis que la musique fait rage par terre, tandis que la fumée du bois indien, que l'on brûle devant nous, voile notre déjeuner d'un odorant nuage bleu, nous voyons, au milieu de la belle cour tout en lumière, la famille groupée dans ses costumes chamarrés d'or, et toujours les deux petites belles-sœurs qui passent et repassent, enlacées, leurs espiègleries enfantines contrastant avec leurs lourds bijoux et leurs vêtements de grandes dames.

* *
*

L'heure venue de nous en aller, nous ne savons quels remerciements faire à ces aimables gens, que nous ne reverrons jamais nulle part et auxquels nous aimerions pourtant offrir à notre tour l'hospitalité, si, par impossible, ils venaient dans notre pays.

Quand nous ressortons pour reprendre nos mules dans la rue sordide, nous trouvons un attroupement considérable, qui s'est formé là dans l'attente curieuse de nous voir; tout le quartier est dehors, et nous marchons à travers une foule compacte, jusqu'au moment où, la porte des Juifs

19

franchie, nous retombons dans les solitudes de la ville arabe.

L'accablant soleil de deux heures tombe sur les tranquillités des ruines, où des milliers de cigales chantent. Nous sortons des enceintes des grands remparts, pour redescendre vers notre camp.

Là nous attendent les cavaliers qui sont venus de Fez nous apporter nos cadeaux. Avant de les congédier, nous voulons vérifier le contenu de nos caisses, de peur qu'elles n'aient été pillées pendant la nuit de voyage ; et, à l'annonce de ce déballage, nos muletiers font cercle, bien près, bien près, avec des yeux avides de voir ; les gens d'une petite caravane qui est venue camper près de nous en notre absence s'approchent aussi, très alléchés par ce spectacle, et nous avons bientôt une trentaine d'Arabes, suspects d'allures et drapés en majestueuses guenilles, qui se pressent autour de nous, dans l'isolement de ce cimetière, muets d'impatience, à l'idée d'admirer les présents du Calife... Ouvrons une première caisse : c'est la selle de velours vert, très somptueusement brodée d'or, que nous sommes chargés de faire parvenir au gouverneur de l'Algérie, en même temps que son cheval pommelé ; des murmures d'admiration passionnée accueillent son apparition au soleil.

Déballons maintenant la boîte infiniment longue qui doit contenir nos cadeaux personnels. — Pour chacun de nous, un fusil du *Souss* dans son étui rouge; un fusil ancien, de cinq pieds de long, entièrement revêtu d'argent. Pour chacun de nous aussi, un grand sabre de pacha marocain, dans un fourreau niellé, avec bretelle de soie et d'or; poignée en corne de rhinocéros, lame et garde damasquinées d'or. Cela brille, sous la chaude lumière du ciel, et les exclamations les plus exaltées partent de notre entourage. Dans son enthousiasme pour le Calife qui peut faire d'aussi désirables cadeaux, un chamelier va jusqu'à s'écrier : « Qu'Allah rende victorieux notre sultan Mouley-Hassan! Qu'Allah prolonge ses jours, *même aux dépens de ma propre vie!* »

Alors nous nous trouvons imprudents d'avoir éveillé autour de nous de telles convoitises...

Nous remontons vers la ville sainte, assis sur nos mules et précédés de notre vieux caïd responsable. Cette fois, c'est pour nous promener à l'aventure et à la recherche des tapis, des armes, jusqu'au coucher du soleil.

Le « bazar », beaucoup plus petit, plus obscur, plus triste que celui de Fez, est complètement vide quand nous arrivons; le long des murs, tous les petits couvercles des niches à marchands sont rabattus et fermés. On nous explique que tout le monde est à la mosquée; dans un moment, on va revenir : nous n'avions pas songé en effet qu'il est trois heures et demie, l'heure de la quatrième prière du jour...

Peu à peu, l'un après l'autre, les marchands reviennent, à pas lents, drapés dans leurs transparentes mousselines, et tout blancs dans la pénombre des petites ruelles voûtées. Absorbés dans leur rêve, insouciants ou dédaigneux de notre présence, ils ouvrent leurs niches, en relèvent les couvercles, et montent s'asseoir dedans, le chapelet à la main, sans nous regarder. Cependant nous sommes les seuls acheteurs, — et on est tenté de se demander à quoi bon un bazar dans cette nécropole. — On y vend des burnous, des costumes, des cuirs ouvragés, beaucoup d'étriers niellés d'argent ou d'or; et de ces couvertures aux dessins sauvages, tissées dans le Sud par les femmes des tribus, le soir à la porte des tentes, — chez les Beni M'guil ou les Touaregs.

Nous errons longtemps au milieu des quartiers

déserts et funèbres ; nous passons, toujours dans l'obscurité des rues couvertes, devant plusieurs mosquées immenses, où nos regards jetés à la dérobée entrevoient des enfilades mystérieuses d'arceaux et de colonnes. Puis nous arrivons au quartier, un peu moins mort, des marchands de bijoux.

Oh ! les étranges vieux bijoux que l'on vend à Mékinez ! A quelles époques ont-ils bien pu être neufs?— Pas un qui n'ait un air d'antiquité extrême : de vieux anneaux de poignets ou de chevilles, polis par des frottements séculaires sur la peau humaine ; de larges agrafes pour attacher les voiles ; de vieux petits flacons d'argent, à pendeloques de corail, pour contenir du noir à peindre les yeux, avec des crochets pour les attacher à la ceinture ; des boîtes pour corans, toutes gravées d'arabesques et portant le sceau de Salomon ; de vieux colliers de sequins, usés sur des cous de femmes mortes ; — et une quantité de ces larges trèfles, en argent repoussé enchâssant une pierre verte, que l'on s'attache sur la poitrine pour conjurer le mauvais œil. — Dans les niches des vieux murs, devant les vendeurs accroupis, ces choses sont étalées sur des petits dressoirs en bois crassi et vermoulu.

C'est près du quartier des juifs ; plusieurs d'entre eux, nous devinant là, arrivent, nous entourent,

pour nous offrir aussi des bijoux, des bracelets,
de vieilles bagues extraordinaires, ou des boucles
d'oreilles à émeraudes, toutes choses qu'ils tirent
des poches de leurs robes noires avec des airs de
cachotterie, après avoir jeté autour d'eux des regards
méfiants.

Viennent aussi des marchands de tapis de R'bat;
tapis en haute laine, qu'on étale par terre, sur la
poussière, sur les détritus et sur les ossements,
pour nous en montrer les dessins rares et les belles
couleurs.

*
* *

Le soleil est déjà bas, il commence à jeter ses
rayons en longues bandes d'or sur les ruines. Alors
nous concluons nos marchés péniblement discutés,
pour quitter la sainte ville où nous ne reviendrons
plus jamais et nous diriger vers nos tentes.

Avant de franchir la dernière muraille d'enceinte,
nous nous arrêtons dans une sorte de petit bazar
que nous ne connaissions pas encore. C'est celui
des marchands de bric-à-brac, et Dieu sait ce que des
boutiques de ce genre à Mékinez peuvent recéler
de bizarres vieilleries.

Ces brocantages se passent près d'une porte donnant sur le désert de la campagne, au pied des hauts

et farouches remparts et à l'ombre de quelques mûriers centenaires qui ont en ce moment leurs jeunes
feuilles tendres d'avril. Ce sont surtout de vieilles
armes que l'on trouve ici : yatagans rouillés, longs
fusils du Souss; puis de vieilles amulettes de cuir,
pour la chasse ou la guerre; des poires à poudre
saugrenues, et aussi des instruments de musique :
guitares à peau de serpent, musettes ou tambourins.
Par analogie sans doute avec ces débris qu'ils vendent, les marchands sont presque tous des vieillards
caducs, effondrés, finis.

Des mendiants, qui ont élu demeure dans des trous
de pierre à cette entrée de ville, assistent à nos
marchés : un manchot couvert de plaies, un cul-
de-jatte galeux; et plusieurs de ces gens qui ont
pour regard deux trous saignants où s'assemblent
les mouches, et qui sont d'anciens voleurs auxquels,
de par la loi, on a enlevé les yeux avec la pointe
d'un fer rougi.

On est sans doute très pauvre dans ce bazar, on
a grand besoin de vendre, car on s'occupe de nous,
on nous entoure. Nous faisons à vil prix plusieurs
acquisitions étonnantes... A l'heure jaune et subitement refroidie du coucher du soleil, nous sommes
encore là, près de cette porte désolée et sous les
branchages de ces vieux arbres, cernés par une

cinquantaine de figures sauvages, en haillons, Berbères, Arabes ou Soudaniens.

*
*   *

On sait en ville que nous devons partir demain
matin à la pointe du jour. Aussi, dès que nous
sommes revenus sous nos tentes, des juifs descendent vers notre camp pour nous offrir encore des
plumes, des œufs d'autruche et d'autres bijoux
d'argent, d'autres tapis de R'bat ; tant que dure une
lueur de crépuscule, ils étalent obstinément ces
choses devant nous, sur l'herbe des tombes...

Le jeune pacha vient ensuite à cheval nous faire
ses adieux. Puis nos gardes de nuit arrivent, et enfin,
aux lanternes, le cortège de notre pompeuse *mouna* :
alors commence pour nos gens la grande orgie
nocturne de poulets, de moutons et de couscouss.

XXXIV

Mardi 30 avril.

Aux premiers rayons splendides du soleil, nous levons le camp, laissant les restes de nos festins aux chiens et aux vautours.

Très promptement la ville sainte disparaît derrière nous, masquée par des coteaux sauvages.

Des défilés de montagnes, des tapis de fleurs. De grands liserons roses parmi des aloès bleuâtres; mais des liserons en profusion telle, qu'entre les feuilles pâles et cendrées de ces aloès, on dirait qu'on a jeté à pleines poignées des rubans roses. Et c'est ainsi durant des lieues... Puis viennent des zones uniformes de liserons bleus, mais tellement bleus qu'on dirait de loin des flaques d'eau reflétant la belle couleur profonde du ciel.

Nous ne rejoindrons que demain la route de Tan-

19.

ger, que nous avions suivie avec l'ambassade pour
venir ; aujourd'hui nous traversons une région
encore moins fréquentée, et qui nous était inconnue.
Une région bien déserte. Il fait plus chaud qu'à
l'aller, la senteur d'Afrique est plus prononcée dans
la campagne, et il y a encore plus de fleurs, et plus
de vibrante musique d'insectes, dans plus de silence.

Nous marcherons à étapes un peu forcées, à
soixante kilomètres par jour environ ; nos lieux
de campement, discutés et fixés d'avance avec le
caïd qui nous mène, sont espacés dans ces pro-
portions-là. Et ce soir nous espérons camper au
delà de ces contreforts de l'Atlas, à l'entrée de la
plaine sans fin où le Sebou serpente.

Elle est bien différente, cette fois-ci, notre manière de voyager, et le pays que nous avions traversé
en fête, au milieu de tous les cavaliers des tribus
accourus de loin pour nous faire honneur, maintenant nous apparaît sous son vrai aspect, dans sa
morne tranquillité, avec ses grandes étendues vides.
N'en déplaise à nos compagnons d'ambassade restés
à Fez — auxquels nous gardons le plus cordial
souvenir — nous préférons revenir ainsi, comme
de braves Marocains quelconques, n'éveillant pas
la curiosité des caravanes qui passent, ne faisant
même plus tache dans les solitudes où nous che-

minons, dissimulés que nous sommes sous nos burnous et tout hâlés de soleil : nous nous sentons dix fois plus en Afrique, causant avec nos muletiers, écoutant leurs chansons et leurs histoires, initiés à mille aspects, à mille petits détails d'un Maroc intime, que nous n'avions pas soupçonnés dans notre trajet pompeux d'arrivée.

Le vieux caïd qui a brigué l'honneur et le profit de nous ramener à Tanger est un habitant de Mékinez, où il possède, paraît-il, un harem de jeunes femmes blanches, — et il nous avait demandé hier l'autorisation de passer la soirée dans sa demeure. — Ce matin, dès l'aube, il était de retour au camp, fidèle à la consigne donnée. Mais aujourd'hui, toujours droit sur sa bête, il a l'air d'un cadavre séché au soleil, et, au lieu de marcher le premier, il nous suit par derrière, péniblement. Alors un muletier noir, qui est le bouffon de notre bande, le regardant avec un clignement d'œil intraduisible, donne cette explication de sa fatigue : « Il a couché cette nuit dans un *silos*. » — (En français il est impossible de rendre les dessous moqueurs de cette phrase, ni l'impayable drôlerie de singe avec laquelle ce nègre l'a prononcée.) Cependant il nous cause une vraie pitié, ce caïd, dans sa lutte contre la vieillesse : trop fier pour s'avouer fatigué, épe-

ronnant sa bête avec un navrant dépit chaque fois
que nous faisons mine de ralentir pour l'attendre.

De tout le jour, nous ne rencontrons ni un village, ni une maison, ni une culture. De loin en
loin seulement, quelques douars de nomades, installés en général à grande distance du chemin, mais
dont les chiens de garde, nous flairant quand même,
hurlent dans la campagne silencieuse, quand nous
passons. — Leurs tentes, jaunâtres, brunâtres, sont
toujours rangées en cercle, — comme poussent les
champignons des bois, auxquels elles ressemblent ;—
leurs troupeaux paissent au milieu, et, à côté de
chaque douar, il y a dans la prairie deux ou trois
grands ronds dénudés, pelés, salis, — qui sont des
emplacements anciens, abandonnés après l'épuise-
ment des herbages. — On nous dit que ces tentes
aujourd'hui ne sont habitées que par des femmes,
tous les cavaliers valides ayant été réquisitionnés
par le pacha de Mékinez pour son expédition contre
les Zemours.

Vers midi, au passage d'un gué, nous nous croisons avec une tribu berbère en voyage, troussée
très haut dans l'eau courante. Suivant l'usage berbère, les femmes sont à peine voilées, et il y en a,
parmi les jeunes, qui sont bien jolies. Les troupeaux
passent aussi en beuglant, en bêlant, pourchassés

par des chiens très affairés. Des petites filles tiennent des agneaux à leur cou, et, d'un de ces larges
paniers appelés *chouari* que les mules portent sur
leur dos, sort la figure étonnée d'un petit poulain
tout jeune qu'on a couché là dedans et qui paraît
s'y trouver fort à l'aise.

****

Vers quatre heures enfin, du haut de la dernière
montagne de cette chaîne de l'Atlas, nous voyons
cette plaine du Sebou, qu'il nous faudra traverser
demain, apparaître comme une mer lumineuse.
Aux premiers plans, elle est toute marbrée, zébrée,
de jaune, de rose, de violet, suivant ses zones de
fleurs que les hommes n'ont jamais dérangées.
Au loin seulement, vers l'horizon nettement circulaire, toutes ces chamarrures se brouillent, se
fondent en un bleu uniforme, comme celui de la
vraie mer.

Descendus par une pente raide, nous campons
dans cette plaine, à une heure de marche encore,
au delà du pied des montagnes, près du saint tombeau de Sidi-Kassem et à côté d'un petit groupe
de huttes de chaume que ce marabout protège.

Et c'est toujours une heure délicieuse que celle

où, le camp dressé, la longue étape finie, on s'assied voluptueusement devant sa tente, sur une
couche de fleurs sauvages toutes fraîches, et toujours différentes, toujours changées. L'espace est
immense de tous côtés; l'air sent bon; il est im-
prégné de cette odeur qu'il a chez nous, à un degré moindre et d'une façon plus éphémère, à l'é-
poque des foins; les vêtements arabes sont libres
et légers, augmentant la sensation de repos que
l'on éprouve, étendu là, sous le ciel rafraîchi du
soir; et cette limpidité profonde qui est partout,
qui est une fête pour les yeux, il semble aussi qu'ón
la respire, qu'on en goûte l'impression physique
en remplissant sa poitrine d'air. Après tant d'heures
bercées d'incessantes petites secousses au pas de
la mule, on trouve infiniment douce l'immobilité
de la vieille terre arabe sur laquelle on va dormir;
et puis on a très faim, et volontiers on songe à
l'heure du couscouss qui approche, ou même à ces
cuisines barbares que nous font nos muletiers là-bas:
moutons et poulets rôtis dans l'herbe.

Nous sommes ici près de chez les Beni-Hassem,
dont nous traverserons demain le pays tout d'une
traite afin de mettre le fleuve du Sebou entre eux
et notre prochain campement; les Zemours ne
sont pas bien loin non plus, mais on a beaucoup

de peine à concevoir un danger dans ce lieu délicieusement paisible et plein de fleurs.

Au petit village d'à côté, les troupeaux rentrent
en bêlant, conduits par des enfants encapuchonnés.
On nous envoie aussitôt du lait encore tiède, dans
des écuelles de terre; et le vieux chef, qui doit nous
fournir une garde pour cette nuit, vient causer avec
nous.

Après des questions quelconques échangées,
nous nous informons des trois brigands qu'on avait
capturés par ici le jour de notre premier passage :
« Ah ! dit-il, les trois brigands... voilà le cinquième
ou sixième jour qu'ils ont *les mains au sel !* »

Oh ! les malheureux ! Nous nous en doutions
bien, mais cela nous glace ! Ainsi, ces hommes,
qui étaient en même temps que nous dans cette
plaine, respirant ce même air pur, libres comme
nous-mêmes de courir, ayant comme nous la santé,
l'espace, sont depuis cinq ou six jours, cinq ou six
nuits, à attendre la mort, les ongles retournés dans
la chair fendue, serrés, serrés dans l'effroyable gant
qui ne sera jamais ôté ; n'ayant rien à espérer, ni
un soulagement, ni une pitié de personne, puisqu'il
faut que la douleur aille en augmentant toujours, et
qu'ils meurent précisément par l'excès de souffrir...
Alors notre nervosité d'Européens étant revenue,

voici que notre paix du soir, à l'heure confuse où
le sommeil arrive, est troublée par l'image de ces
trois suppliciés . . . .
. . . .
. . . .

XXXV

On a tiré des coups de fusil toute la nuit, autour
de notre camp, à nos oreilles. Et c'étaient nos veilleurs, très inquiets, très agités. On les entendait se
dire entre eux : « C'est un voleur ! — Non, c'est un
chacal ! » Et ils discutaient les formes de ce qu'ils
avaient cru voir approcher dans l'obscurité : « Des
hommes, je te dis, mais qui marchaient à quatre
pattes, tout baissés, tout baissés... »

Quatre heures et demie du matin, au petit jour
pâle, ils nous réveillent, suivant la consigne, pour
lever le camp et partir : avant la nuit, nous dési-
rons être sortis de chez les Beni-Hassem, avoir
franchi le grand fleuve.

En s'éveillant ainsi dans sa maisonnette de toile
— qui est toujours pareille, où les nattes et les
tapis sont toujours disposés de la même façon —
il arrive qu'on ne se rappelle plus bien l'aspect du
pays d'alentour, qui, au contraire, est constamment
varié : grande ville morte, ou plaine désolée, ou
montagne d'où la vue domine?...

En sortant ce matin de ma tente, l'esprit encore
alourdi de sommeil, j'ai devant moi une étendue
infinie, toute de luzernes violettes et de mauves
roses, sous un ciel entièrement noir ; une inimagi-
nable profusion de fleurs dans une solitude plate
illimitée, quelque chose qui tient à la fois de l'Éden
et du désert. C'est à peine éclairé encore, et ces
nuages si épais, qui semblent tombés sur les herbages, font la voûte du ciel plus obscure que la
terre d'en dessous. Cependant au bout de la plaine,
à la partie la plus basse de ce ciel ténébreux, le
soleil jaunâtre révèle sa présence par de longs
rayons qu'il jette tout à coup au travers de cette
grande intensité d'ombre où nous sommes ; on le
devine sans le voir et subitement l'obscurité semble
s'être épaissie, par contraste, autour de ces raies
lumineuses émanées de lui ; ce lever plein de mystère me rappelle beaucoup ceux qui m'ont été fami-
liers jadis sur les côtes de Bretagne, ou sur les

mers septentrionales à la saison des brumes. Mais, tandis que, désorienté, indécis, je regarde cette lointaine déchirure pâle, de grandes bêtes passent devant ce soleil, à la file ; des bêtes lentes, dandinantes, dont les pattes longues projettent sur la plaine des ombres n'en finissant plus : les caravanes l'Afrique !... Alors je ressaisis la notion du lieu, que j'avais aux trois quarts perdue.

Les nuages s'absorbent, disparaissent on ne sait où. De tous côtés à la fois, le bleu reparait, puis se fixe uniformément, sur le dôme entier du ciel.

Sept heures de route, sans arrêt, dans la plaine, au milieu de la magnificence des pâquerettes, des soucis, des luzernes et des mauves, croisant de temps à autre des files de chameaux et de petits ânons très chargés : tout le va-et-vient entre Tanger et Fez — entre l'Europe et le Soudan. — A la fin, nous sommes lassés de tant de fleurs, tant de fleurs pareilles, vues dans une demi-somnolence que berce toujours le pas des mules et que le brûlant soleil alourdit.

Vers deux heures de l'après-midi, halte dans un lieu quelconque, d'où il me reste cette image : la plaine toujours, illimitée, fleurie comme ne fut jamais aucun jardin ; et seul, à l'écart, le vieux caïd épuisé, disant ses prières à genoux... C'est dans

une zone de pâquerettes blanches mêlées de pavots
roses. Vieillard près de la mort à figure terreuse,
à barbe blanchâtre comme du lichen, vêtu des
mêmes couleurs fraîches que ces pavots et ces pâquerettes 'd'alentour, ses longs voiles blancs laissant transparaître son cafetan de drap rose; — son
cheval blanc à haute selle rouge paissant à côté de
lui, la tête plongée dans les herbages; — et lui-
même, à moitié enfoui dans ces fleurs, dans ces
fleurs blanches et roses, au milieu de l'immense
plaine de fleurs infiniment déserte sous le bleu
profond du ciel d'été: lui, prosterné sur cette terre
où on le mettra bientôt, et implorant la miséricorde
d'Allah avec cette ferveur de prière que donne
l'approche pressentie du néant...

Passé le Sebou à quatre heures, pour camper
près d'un village des Beni-Malek, sur la rive nord
du fleuve.

XXXVI

Jeudi 2 mai.

Notre petite troupe s'est augmentée de quelques nouvelles recrues : des Arabes quelconques rencontrés en route, voyageurs isolés qui nous ont demandé de se joindre à nous, par crainte des détrousseurs. Nous avons aussi deux de ces personnages appelés Rakkas, qui forment à Fez, une corporation importante sous le commandement d'un Aminn, et qui font métier de porter les lettres à travers le Maroc, en courant au besoin nuit et jour suivant le prix qu'on y met, sauf à dormir ensuite une semaine d'affilée.

Dans la matinée fraîche, nous traversons quatre heures durant ces solitudes sablonneuses tapissées de fougères et de petites fleurs rares, que nous connaissions déjà, mais qui nous semblent tout autres, plus mornes, plus mélancoliques, plus vastes aussi, à présent que nous cheminons seuls au milieu, sans notre bruyante escorte d'ambassade qui tirait des coups de fusil au vent. L'air qui ne sent plus la poudre, et que n'agite plus le passage en ouragan des fantasias, est étonnamment tranquille, pur, vivifiant, suave. Et la lumière est si belle!... Au delà des lignes immenses de la plaine, les montagnes où nous entrerons demain sont dessinées comme d'un pinceau net et ferme, en couleurs franchement intenses, sur un vide très clair qui est le ciel. De temps à autre, une cigogne nous regarde défiler, immobile sur ses échasses, ou bien passe en l'air agitant au dessus de nos têtes ses grands éventails blancs et noirs. Et c'est là tout ce qui anime ce pays désert, où l'on se sent si pleinement vivre.

Vers midi, au milieu de collines violettes de lavandes dont le soleil surchauffe et exalte la pénétrante senteur, nous apercevons un recreux de ravin où il y a par hasard un arbre, un vrai grand arbre, un vieux figuier sauvage contourné comme un banian de l'Inde. Et c'est si tentant, si extraordinaire dans ce pays nu, où il n'y a d'ombre que celle des nuages errants, que nous mettons pied à terre pour descendre dans ce trou et y faire notre halte du milieu du jour. La place, choisie et rare, est déjà occupée par une dizaine de taureaux qui se tiennent là, bien serrés les uns aux autres, bien cachés sous l'abri des larges feuilles épaisses, béats dans cette fraîcheur humide, quand tout rayonne et brûle alentour. Mais ils nous cèdent sans conteste, se sauvent épeurés à notre approche, et nous nous installons en maitres dans la petite oasis.

Ce figuier doit avoir des siècles, tant ses branches sont grosses et bizarrement tordues. Un ruisseau court à ses pieds, en bruissant sur des cailloux noirs, au milieu des cressons, des myosotis bleus, de toutes ces plantes d'eau connues depuis l'enfance dans nos ruisseaux des campagnes françaises. Et, derrière la masse touffue de l'arbre, un rocher surplombant s'avance en voûte de grotte, formant comme une seconde petite salle, plus couverte encore et plus intime, que tapissent des capillaires et d'où suinte une source. En entrant là dessous, on a une sensation délicieuse de fraîcheur et d'ombre, après l'accablement de lumière brûlante qui est partout dehors sur ces collines de lavandes. Parmi les racines de ce figuier, comme sur des fauteuils, nous nous étendons paresseusement, nos pieds nus dans l'eau du ruisseau. De tout ce qui nous entoure, rien d'africain, rien d'étranger, il nous semble être dans quelque recoin d'une France sauvage, d'une France d'autrefois, au resplendissement de juin, par un midi sans nuages. Et les bêtes ici, jamais tourmentées par les hommes, n'ont pas peur de nous; les tortues d'eau tout doucement, tout doucement, entre les joncs, approchent leurs carapaces noires, pour venir manger les miettes de notre pain; et les rainettes vertes sautent sur nous, se laissent prendre et caresser.

De tous les recoins d'ombre, de tous les ruisseaux frais aux bords desquels il m'est arrivé de me reposer, par les brûlants midis, durant tant d'expéditions diverses, au milieu de tant de circonstances différentes, dans des pays quelconques du monde, je ne crois pas qu'aucun m'ait jamais apporté une plus pénétrante impression de paix que celui-ci, avec un plus intime désir de m'abîmer dans la tranquille nature verte.

. . . .

* *
*

A la fin de ce même jour, deuxième de notre

mois de mai et premier du mois arabe de ramadan, nous sommes campés devant Czar-el-Kébir.

Et le soir, notre caïd, nos muletiers qui ont commencé depuis ce matin à observer le jeûne que le Coran ordonne pendant la durée de ce mois-là, sont tous debout, regardant la ville derrière laquelle le soleil se couche, attendant avec impatience l'heure où les pavillons blancs de prière vont se hisser sur les mosquées, l'heure du saint Moghreb, après laquelle il leur sera permis de manger et de boire.

Le ciel est absolument jaune, d'un jaune pâle de citron, une intense lumière jaune est répandue partout, et sur ce couchant si clair, la ville se profile en silhouette dure : ses lourds minarets, en noir ; toutes ses murailles crénelées, ensevelies sous la chaux, en une sorte de gris bleu, froid et mort ; en noir aussi, ses quelques hauts palmiers, aux tiges minces comme des fils, qui penchent çà et là leurs bouquets de plumes au-dessus des terrasses. — Et dans le jaune lumineux du fond, dominant tout, la lune nouvelle du ramadan marque son fin croissant comme un trait d'ongle qui brillerait. C'est un décor idéalement arabe, éclairé avec un art suprême.

— « Allah Akbar !... » L'heure sainte est enfin sonnée, l'immense cri retentit sur la ville. A genoux, tous les burnous de laine : c'est le Moghreb, le premier Moghreb du ramadan.

Les grandes cigognes, contrariées par ce bruit pourtant familier, s'envolent, tournoient lentement, promènent un instant, en silhouette sur le jaune du ciel, leurs éventails de plumes, puis reviennent se poser à la pointe des minarets, dans leurs nids...

— « Allah Akbar! » Le cri, longuement répété, s'apaise, se perd en traînée mourante dans le silence envahissant ; la lumière s'éteint vite, dans du bleuâtre qui semble monter de la terre ; et, du côté opposé à la ville, du côté de l'ombre, une voix de chacal répond en sourdine, derrière un fourré de cactus...

*
* *

En temps de Ramadan, il est d'usage au Maroc de faire toute la nuit de la musique et des festins après le jeûne austère du jour ; aussi, dès que l'obscurité nous a tous enveloppés, la ville nous envoie des bruits confus de tambourins battant des danses étranges, de cornemuses glapissant des chants tristes ; et dans notre petit camp aussi, où le ramadan est fidèlement observé, on joue, sous les tentes, de la guitare à deux cordes au son de grillon agonisant ; on chante en voix flûtée, avec des battements de mains.

Un peu plus avant dans la nuit, le silence, qui était revenu, tout à coup se remplit d'une musique aigre et déchirante qui semble être en l'air, qui semble venir d'en haut, planer. Et alors, étant sorti de ma tente, je demande à un de nos muletiers, qui flâne à la belle étoile malgré l'heure indue, d'où ces sons nous viennent. En souriant, il m'indique du doigt les tours des mosquées qui se profilent en grisaille sur le ciel semé d'une poussière blanche d'étoiles : au bout de chaque minaret, en compagnie des cigognes, un joueur de musette, paraît-il, est installé, jouant à plein souffle, et devant continuer jusqu'au matin, au-dessus de la vieille ville confusément obscure...

XXXVII

Demain nous reverrons Tanger la Blanche, la
pointe d'Europe, et déjà les choses et les gens de ce
siècle.

Cette avant-dernière journée de marche est
longue, pénible, sous un soleil beaucoup plus lourd.
Notre vieux caïd, que les jeûnes du Ramadan achè-
vent, hésite, ne reconnaît plus son chemin. Nos
muletiers, qui ne mangent pas non plus, ont une
lenteur et une somnolence inusitées. Les distances
grandissent entre nous, notre petite colonne s'allonge d'une manière inquiétante, la voici échelon-
née sur deux ou trois kilomètres de pays chaud et
désert. Parfois nous perdons de vue les mules, les
muletiers endormis qui nous suivent avec nos bagages
et nos cadeaux du Calife, nos fameux cadeaux si

convoités ; alors, un peu influencés nous-mêmes par le Ramadan, manquant de courage pour retourner sur nos pas par cette chaleur, nous nous étendons pour les attendre, n'importe où, au soleil toujours puisqu'il n'y a d'ombre nulle part ; n'importe où sur la vieille terre arabe, sèche et brûlante, cachant notre tête sous notre capuchon blanc, à la manière des bergers qui font la sieste.

Vers trois heures, nous sommes complètement égarés, au milieu de solitudes de fougères, de lentisques et de lavandes. Plus trace de nos tentes ni de nos bagages, qui ont dû suivre un autre chemin. Et notre vieux caïd, auquel nous pourrions nous en prendre, nous fait pitié, dans son abrutissement de fatigue.

Mais, le soir venu et notre route retrouvée, le dernier de nos campements est pour nous faire plus regretter la fin de notre vie errante sur cette terre primitive de fleurs et d'herbages.

Dans un lieu sans nom, au penchant d'une haute colline, devant des horizons tranquilles, c'est une sorte de petit plateau circulaire, de petite terrasse, que des broussailles de palmiers-nains entourent comme une bordure de jardin. Et sur ce plateau

Allah, pour nous, a étendu un tapis blanc, bleu et rose, absolument vierge, où personne n'a posé les pieds : pâquerettes, mauves et gentianes, si serrées les unes aux autres qu'on dirait des marbrures de fleurs; les tiges sont courtes et fines, sur un sol sablonneux, engageant et doux pour s'étendre. L'air pur est rempli de senteurs saines et suaves. Il y a, par exception, un bois couronnant la hauteur qui nous domine, un bois d'oliviers. Sur le ciel bleu qui commence à pâlir, à tourner au vert limpide, un tissu de petits nuages pommelés est jeté discrètement comme un voile. Rien d'humain en vue nulle part.; et le recoin le plus embaumé, le plus calme, que nous ayons encore trouvé sur notre route; c'est pour nous seuls, toutes ces fleurs, toutes ces musiques d'insectes, tout ce resplendissement de couleurs et de l'air. Cette soirée de mai sur ce plateau sauvage a une paix d'Éden ; elle est ce que devaient être les soirées des printemps préhistoriques, alors que les hommes n'avaient pas encore enlaidi la terre...

XXXVIII

Dimanche 4 mai.

Après une journée de marche encore longue sous un ardent soleil, vers le soir, nous voyons poindre devant nous Tanger la Blanche; au-dessus, la ligne bleue de la Méditerranée, et au-dessus encore, cette lointaine dentelure irisée qui est la côte d'Europe.

Nous éprouvons une première impression de gêne, presque de surprise, en passant au milieu des villas européennes de la banlieue. Et notre gêne devient de la confusion lorsque, en entrant dans le jardin de l'hôtel, avec nos figures noircies, nos burnous, et nos jambes nues, notre suite de muletiers, de ballots, notre déballage de Bédouins nomades, nous tombons au millieu d'un essaim de jeunes misses anglaises en train de jouer au lawn-tennis...

Vraiment Tanger nous paraît le comble de la

civilisation, du raffinement moderne. Un hôtel, ou l'on nous donne à manger sans exiger de nous la lettre de rançon signée du sultan; pour nous apporter le couscouss, à table d'hôte, des messieurs cuistres tout de blanc cravatés, tout de noir vêtus, avec de petits cafetans étriqués, arrêtés devant à la taille comme si le drap coûtait trop cher, et prolongés derrière, au-dessous du dos, par deux pendeloques saugrenues en élitres de hanneton. Des choses laides et des choses commodes. La ville partout ouverte et sûre; plus besoin de gardes pour circuler par les rues, plus besoin de veiller sur sa personne; en résumé, l'existence matérielle très simplifiée, plus confortable, nous sommes forcés de le reconnaître, facile à tous avec un peu d'argent. Et, à la détente qui se produit en nous, nous sentons tout ce qu'avait d'oppressant, malgré son charme, cette replongée si profonde que nous venons de faire dans des âges antérieurs...

Cependant, nos préférences et nos regrets sont encore pour le pays qui vient de se refermer derrière nous. Pour nous-mêmes, il est trop tard, assurément, nous ne nous y acclimaterions plus. Mais la vie de ceux qui y sont nés nous paraît moins misérable que la nôtre et moins faussée. Personnellement, j'avoue que j'aimerais mieux être

le très saint calife que de présider la plus parle-
mentaire, la plus lettrée, la plus industrieuse des
républiques. Et même le dernier des chameliers
arabes, qui, après ses courses par le désert, meurt
un beau jour au soleil en tendant à Allah ses
mains confiantes, me paraît avoir eu la part beaucoup plus belle qu'un ouvrier de la grande usine
européenne, chauffeur ou diplomate, qui finit son
martyre de travail et de convoitises sur un lit en
blasphémant...

*_**

O Moghreb sombre, reste, bien longtemps encore,
muré, impénétrable aux choses nouvelles, tourne
bien le dos à l'Europe et immobilise-toi dans
les choses passées. Dors bien longtemps et
continue ton vieux rêve, afin qu'au moins il y ait
un dernier pays où les hommes fassent leur
prière...

Et qu'Allah conserve au sultan ses territoires
insoumis et ses solitudes tapissées de fleurs, ses
déserts d'asphodèles et d'iris, pour y exercer dans
l'espace libre l'agilité de ses cavaliers et les jarrets
de ses chevaux ; pour y guerroyer comme jadis les
paladins, et y moissonner des têtes rebelles. Qu'Al-

lah conserve au peuple arabe ses songes mystiques, son immuabilité dédaigneuse et ses haillons gris!. Qu'il conserve aux musettes bédouines leur voix triste qui fait frémir, aux vieilles mosquées l'inviolable mystère, — et le suaire des chaux blanches. aux ruines . . . .

. . . .

FIN

IMPRIMERIE CHAIX — RUE BERGÈRE, 20, PARIS — 25146-11-9.

9 782019 162474